日本亲子教育专家十年育儿宝典

東大脳が育つ魔法の言葉

妈妈这样说
孩子最优秀

全球多种语言出版的亲子沟通圣经

[日] 谷 亚由未◎著 邢建生◎译

民主与建设出版社

图书在版编目（CIP）数据

妈妈这样说，孩子最优秀 /（日）谷亚由美著；邢
建生译. — 北京：民主与建设出版社，2015.7（2017.11重印）

ISBN 978-7-5139-0633-3

Ⅰ.①妈⋯ Ⅱ.①谷⋯ ②邢⋯ Ⅲ.①家庭教育

Ⅳ.①G78

中国版本图书馆CIP数据核字（2015）第164100号

著作权合同登记号　　图字：01-2015-5236

TODAINO GA SODATSU MAHO NO KOTOBA
copyright © 2011 Ayumi Tani
All Rights Reserved.
Original Japanese edition published by KANKI PUBLISHING INC.
Korean translation rights arranged with KANKI PUBLISHING INC.
through Timo Associates Inc., Tokyo and Qiantaiyang Cultural Development (Beijing)
Co., Ltd., Beijing
Simplified Chinese Character edition published in 2015 by Beijing Xingshengle Book
Distribution Co,.Ltd

出 版 人： 许久文
责任编辑： 李保华
整体设计： 尚世视觉
出版发行： 民主与建设出版社有限责任公司
电　　话： (010)59419778　　59417745
社　　址： 北京市朝阳区阜通东大街融科望京中心B座601室
邮　　编： 100102
印　　刷： 保定市西城胶印有限公司
版　　次： 2016年1月第1版　2017年11月第4次印刷
开　　本： 32
印　　张： 7.5
书　　号： ISBN 978-7-5139-0633-3
定　　价： 36.00元

注： 如有印、装质量问题，请与出版社联系。

孩　性　年　特
子　别　龄　长

我想要，这样对孩子说____

妈妈是老师，

妈妈是朋友，

妈妈对孩子说的话，

常常会影响孩子的一生。

衷心祝愿
　　您的孩子幸福！

前言

读者您好！我是谷亚由未。

首先，我在此由衷地感谢您拿起这本书。您一定会有兴趣问："妈妈怎样说，孩子才能最优秀呢？"或许您已经读过我发表的第一本书《妈妈这样做，孩子更聪明》，不管怎样，能通过书与您结缘，在此都要表示衷心的感谢。

请允许我对第一次看我书的读者做一个简单的自我介绍。

我有一个在读大学三年级的儿子。

儿子将来想当兽医，目前在东京大学学兽医。

儿子是2009年春天考取东京大学的。

他没有上过任何关于考大学的补习班，也没有让父母操心，更没有接受其他大学的考试。他义无反顾地参加了东京大学的考试，并且出色地通过了考试。

于是有人问我是如何培养儿子的，我仔细回想了许久，然后把所想的内容写成了我人生的第一本书——《妈妈这样做，孩子更聪明》。非常高兴的是，这本书受到了许多读者的青睐，于是我的第二本书也得以顺利出版。

请问您对您的孩子有什么期望呢？

我想作为父母，或多或少都会有"希望我的孩子可以更优秀一些"的想法！但是随即又会有一堆疑问涌上心头：怎样做才能使孩子更优秀？怎样做才能令孩子考取心仪的大学？孩子的学习最好从什么时候开始……

同时，希望找到一个不花钱，通过现在的某些力所能及的事情，或是简单方便的方法帮助孩子顺利成长，应该是父母们的共同心愿吧！

自从出版了第一本书，我用整整一年的时间参加了许多讲座和研讨会，我终于明白了妈妈们想知道的事情并不复杂，其实就是繁忙的日常生活中一些力所能及的事。

那么这个简单易行，且能对提高孩子的能力起到立竿见影效果的方法，你觉得是什么呢？

一句话，一切尽在"语言"中。

"咦？只是语言交流吗？"也许有人会感到难以置信。事实上，许多研究大脑和心理学的专家们一再强调过语言的威力及其在个人生命中的影响力。

关于其理由，在本书的Prologue中会提到。

其实我本人也是语言的受益者，会因为听到别人一句"您有很大的潜力呢"，而从一个打零工的主妇转型为研讨会的讲师。还会因为"你是个可以出书的人。"就是这么一句话，令我认真地考虑出版一本书。"你明明是个能够自立的人，为什么还在这儿停滞不前呢？"也正是这句话令我下定决心，要改变环境。我至今依然会因为周围人的某些话语而受到鼓励，另外一方面也曾因父母的某句话而难过沮丧，从而失去信心。这种种话语都令我深切地体会到了语言的威力。

因此，此次我将围绕"语言交流"这一主题，讲述培养孩子"东大脑"的方法。与此同时，还将涉及关于培养孩子思维习惯的问题。

本书中所讲的，是任何人都可以马上实施的简单易行的教育方法。但是，相信看过我第一本书的读者已经知道，这里所讲的"东大脑"，并不是指"能够考入东京大学的才智"，而是指一种"自行设定目标与梦想，并为之全力以赴的思维模式"。

为什么我没有代替儿子决定他未来的方向呢？是因为我觉得比起进入顶尖学府东京大学，儿子能决定自己的人生道路这件事更有价值。

总而言之，在这里我想表达的并不是"令儿子进入顶尖学府东京大学的方法"，而是"为了孩子能够自己开辟道路，为了孩子能够精彩地活出自己的人生，而写成的教育指导"。

这个教育指导，其实就是我对孩子无意识说过的一些话以及有意识说过的一些话，这也是我想对父母们还有伙伴们说的话。

　　衷心希望无论是读过前一本书的读者，还是第一次读此书的读者，若是能从中获得一些感悟，想着"原来如此，如果是这样，我马上就能做到"，然后去实践，我将非常高兴。

目录

Part 1   产生自信的语言

Part 2　提高士气的赞美语言

Part 3　培养天才的魔法语言

Part 4　低落时的激励语言

Part 5　让孩子认可的批评方式

Epilogue　培养生存能力　养成自立习惯

为什么语言交流很重要

1.母亲的口头语将构建孩子的人生观

在这个世界上，有没有人不是母亲所生的呢？

答案是，没有。

正如常言说的"大地母亲"一样，是母亲创造了这个世界，母亲是一切的基础、一切的根源。

婴儿从母亲的腹中呱呱坠地后，便被母亲拥入怀中，他一边吮吸着母亲的乳汁，一边开始了自己的人生旅程。

总而言之，母亲从孩子出生起便陪伴在孩子身边，对孩子说过的话、讲过的事，都在构建着孩子的世界观。

当然，不仅是母亲，在孩子成长的过程中，他身边大人们的一言一行都会给其带来影响。

"生命是如此可贵"

"只要努力一定会有回报"

"人之初，性本善"

"梦想只要坚持，一定会实现"

"我们的人生充满阳光"

"未来前程似锦"

"海阔凭鱼跃，天高任鸟飞"

只要我们常常对孩子传达一些积极的、充满正能量的语言，孩子就会不知不觉地在成长中潜移默化地深信"人生确实如此"。

我们的大脑一旦形成这种信念，便会去选择能证明它的信息，然后进行理解并吸收，因此这种信念便会根深蒂固，如此，孩子的人生便会渐渐朝着光明积极的方向发展。

相反，如果尽是说些诸如：

"现在这世道尽是一些冷漠的人"

"人都是庆幸着别人的不幸"

"再努力也得不到回报"

"前途一片黑暗"

"梦想不能当饭吃"

那么孩子就会深信确实如此，于是在潜移默化中，他此后的人生也会朝着这个方向发展。

如果我们希望自己孩子的人生充满光明，并且能够幸福成长，作为母亲的自己以及其身边的大人们就应该有积极的世界观，常常传达正能量的语言。

这正是父母和孩子都能幸福的先决条件。

母亲的口头语将构建孩子的人生观！

妈妈尽说些消极的话，
孩子也会消极地面对人生

妈妈大量使用积极的
语言，孩子也会积极地面对人生

2.正能量的语言带来正能量的行动

人类的大脑有种习性，即可以通过语言联想到画面。

日语的词汇很丰富，据说写一本小说需要6万多个日语词汇，而英语只要2万多个词汇。可见日本民族是个非常重视语言的民族，语言的影响力也是非常巨大的。

举个例子来更详细地说明，假如我们说"在学校很开心"，那么脑海中就会浮现出在学校和朋友愉快地游玩，或者是愉快地上课的画面。

当那个画面刚形成印象时，感情上就会涌现出对"愉快"的渴望，然后为了让那个印象成真，便会付诸行动，这样就会渴望去学校。

在此我希望大家学到的是，我们的一切行动是为了获得愉快的感觉，还是避免不愉快的感觉？现在的这个例子是，由于我们获得了愉快的感觉，所以行动上体现为渴望去学校。

相反，当说出"学校很无聊"，脑海中就浮现出托着腮，闭着嘴，似乎很无聊的神情（因人而异，细节会有所不同）。从那幅画面中涌现出的不是愉快的感情，而是不愉快的感情。

于是，由于要采取避免不愉快的行动，就不会去学校，或者是不想去学校。

请大家进行下面一个测试：一边大声地呼喊着"高兴！愉快！幸福"，一边表现出无聊或是生气的神情。很难做到，对吧！

就是这样，人们通过口中发出的语言，想象着画面，然后通过当时产生的感情来选择接下来的行动。

行动的结果能呈现眼前的现实，一个个的现实不断地累积，就形成了我们的人生。

正是因为这样，才表明纠正无意识的脱口而出、有意识地选择一些正能量的语言是多么重要。

人是习惯于选择愉快的生物

消极的语言产生不愉快的感情

积极的语言产生愉快的感情

大量制造"愉快"，
行动就会朝着积极的方面发展

日本人低调、谦逊的文化

在日本的文化中，人们把谦虚当作一种美德。
但是日本人同时也不善于接受来自他人的赞美。

当被人赞美时，你是不是常说："哪里哪里，没有这样的事。"其实我也常常这样说。

这对于赞美我们的人们来说，其实是很失礼的语言。就好像别人特意送你一个礼物，你却很唐突地说"不要"。其实此时我们应该回答"谢谢"，然后坦诚地接受。

所以无论是我们自己，还是我们的孩子，被人赞美时都应该如此。

如果是高中生或者是大学生，都会明白谦虚的意思，但是上幼儿园和小学低年级的孩子还不明白它的意思。

因此就会出现这么一个画面，比如有人特意赞美你家孩子，说："小明，你真是个既懂事又聪明的孩子。"你却回应道："哪里哪里，没有这样的事，我正为他不听话而烦恼呢。"这时你的孩子就会想"原来妈妈觉得我是个麻烦的孩子"，因而产生误会。

这就会造成别人特意赞美，却带来了相反的效果。

虽然没必要在人前过多地夸奖自己的孩子，但是如果被别人夸奖了，就让我们养成说"谢谢"的习惯吧。

巧妙地接受赞美的窍门是回应"多亏了您"或"多亏了老师"这种不居功自傲的方式。应该将由衷的"谢谢"送给身边的人（爸爸、妈妈、老师，等等）。

那么就让我们在家中毫不吝啬地夸奖孩子吧！若是再把"多亏了你"这种饱含感谢之意的心情传达给孩子，那么就完全不用担心孩子会得意忘形。父母的一言一行，孩子都在好好地看着呢。

3.语言有瞬间改变氛围的力量

语言有一瞬间改变当场氛围的力量。

说起场面的氛围是什么，其实就是人的感情。

在前面已经谈到，语言可以对画面甚至是感情起到连锁反应，例如在一个水瓶中滴一滴墨汁，瞬间便会扩散，然后瓶中水就会全部变黑。

与此相同，在一群以饱满、积极的心态谈话的人群中，哪怕是一个人仿佛滴入了一滴水似的发表了消极的言论，只要一瞬间就会改变当场的氛围。而且就连一直带着梦想积极生活的人，有时只要对他说一句消极的话，情绪也会变得低落。

消极的力量比起积极的力量更能发挥强大的作用。

因为人本来就容易陷入消极的思维中。

"不愿改变，想维持现状"，这种下意识的、维持现状的力量发挥着作用，如果引起了某些行动，就会使人联想到一些不如意的事，最终导致会去探寻为什么做不到的理由。

总之，只要人脑在运作，就会想一些让自己担心和不安的事。所以比起积极的语言，人更容易受消极语言的影响，消极的语言威力之大，只要一句话，一瞬间就能污染全场。

怎么样？

想必您已经明白为什么有必要、有意识地选择语言了吧！

首先，为了不成为孩子们的大脑以及公共场合的污染源，让我们从自己做起，有意识、有选择地发表议论吧！

让我们做一个创造积极氛围的父母吧！

当孩子述说梦想的时候，不要去否定，而是应该期待梦想的实现。

语言的力量

人脑对消极的语言非常敏感

只是一句消极的语言

心灵瞬间就会被污染

4.孩子会通过父母的语言形成自我印象

所谓的自我印象就是一个人如何看待自己，对自己的定位。

于是人们的一言一行都会按照自我印象去进行，下意识地把现实改造成与自我印象相符的东西。

例如，如果觉得"我的性格受人欢迎"，那么不管去哪儿，不管见到谁，就都能大方地微笑和打招呼，其结果就会深受许多人的喜爱。

但是如果觉得"我不擅长交际"，那么每次见人的时候都会不自然，缩手缩脚，就算是想要表达亲近，也无法很好地处理关系。

虽然自我印象有时也会来自个人体验，但是大多数还是从父母的言语中获得的。

　　你小时候是否曾经被人说你怎么怎么样，然后结果就真的如别人所说的那样？

　　孩子不懂得怀疑，只会根据别人所说的那样形成自我印象，接下来的一言一行都会受到自我印象的制约，就这样随着成长，自我印象也在不断强化。

　　因此，作为父母，想必应该明白什么该对孩子说，什么不该对孩子说了吧。

　　父母对孩子说的话尤其重要。

不同时期的语言交流

☆幼儿园

对于幼儿园的孩子更要多多地夸奖。无论何时，无论何地，无论何事。

对于孩子的日益成长，父母感到欣喜的同时也在渐渐放手，这个时期父母可以找出许多值得夸奖的地方，并多多夸奖。另外孩子们也喜欢心灵的交流，所以这个时期可以果断地放手。而且那些长大了会令人感觉有点肉麻的语言，这个时期说也没问题。

孩子来到这个世间，父母是多么庆幸，多么欣喜！在与孩子进行心灵交流时，让我们尽情地把这份喜悦和幸福传达给孩子吧！

☆小学低年级

刚进入学校的孩子，不能随意夸奖，这时需要看清楚孩子的能力和适应性，再进行夸奖。因为这个时期的孩子渐渐对自己擅长和不擅长哪些事有了比较清晰的认识。

学校的学习最初很新鲜，孩子会充满好奇，然后随着时间的推移渐渐千篇一律，这时候有的孩子就会觉得无趣。

所以此时最应该注意不要将自己的孩子和别的孩子进行比较。

如果父母对孩子期待过高，觉得自己的孩子应该做得更好，那么就无法看到孩子的优势。这时应该好好地看着自己的孩子，把眼光放在孩子的成长方面，看准时机把孩子擅长的、有进步的，还有正在努力的一一告诉孩子。

同时，关于孩子的到来给家人带来的欢乐，也请父母饱含感谢之意对孩子诉说。比如"谢谢你的诞生"或"有了你才会充满欢乐"等。

☆小学高年级

一旦到了高年级，光是表面上的夸奖已经行不通了。

这个时期若是说些孩子可以接受的话还好，否则他们就不会轻易地接受。因此说得多不如说到点子上。无论是结果出来，还是结果还没出来、正在努力的时候，对孩子诉说鼓励的话语就变得尤为重要。

这个时期不仅仅要表扬，也有必要对孩子说出理由。这时候孩子已渐渐显露出了个性，所以辨别孩子性格、选择适合孩子的表扬方式非常重要。

同时孩子未来的梦想也渐渐地现实化，这时如果孩子把梦想告诉你，那么首先要认可孩子，然后对孩子诉说支持的话语。

如果孩子在学校被人欺负了，应该告诉孩子"不管发生了什么事，我都会永远支持你"，尽量选择令孩子安心的话语传达对孩子的爱。

尽量选择令孩子安心的话语传达对孩子的爱。

Part 1

产生自信的语言

1.对孩子的诞生表示感谢

"谢谢你选择了妈妈！"

无论孩子将来的目标是不是东京大学，这个孩子的生命都有其一定的价值。

为什么将生命诞生视为奇迹呢？是因为生命渡过了重重的难关，创造了奇迹。上天赐予生命的概率只有1亿至4亿分之一，尤其是生命在腹中能够平安地成长，最后诞生到这个世界上，这个概率绝对比东京大学的合格率低得多。

这样想来，孩子不爱学习、不符合自己的期望、与期望值相差甚远，甚至是和朋友相比不管什么方面都逊色，等等，这些事情就会显得像只是被蚊子叮了一下，如此微不足道。

同时，**如果觉得因为孩子令自己受尽了苦，那其实是上天赐予你为人父母的学习机会**。相反，有时也许会觉得身为父母还有很多不尽如人意的地方，因而对孩子深感抱歉。

这时，虽然我们常会想"孩子无法选择父母"，但是据说在精神上，是孩子的灵魂选择了父母。

据说孩子在出生前从天上看着妈妈，心里想着"对，就这个人，我要这个人做我的妈妈，我要进这个人的肚子！"然后就这样进入妈妈的腹中。

总而言之，在这个世界无论发生什么事，都要和父母一起渡过，正是因为有了这个决心，孩子才决定来到这个世界。

所以，无论孩子身上发生了什么事，那都是注定的，那是为了让孩子和父母的灵魂一起成长。

你因此就会想："感谢你选择了这样的我做妈妈，谢谢！"

我们身为父母，要返回到一切事物的原点来看待事物，应该对孩子的出生怀有感恩的心情，令自己不断成长。

只要一直保持这种心态，孩子就会自然而然地珍惜最真实的自己，并且会充分展示自己与生俱来的才能。

随着孩子的长大，会有许多话难以说出口，所以趁着孩子还小，尽情地告诉孩子吧。

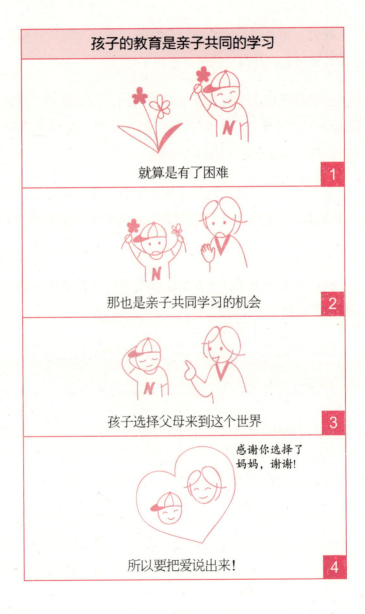

所以要把爱说出来!

2.作为母亲感到喜悦

"可以做你的妈妈真是太好了！"

如果这句话是由你妈妈所说，你会是什么样的心情？

也许你会想问："为什么？"随着孩子一天天长大，他们的体验也在不断累积，也许孩子联想起自己过往的经历，就不会那么容易地接受我们的教育。尽管如此，孩子听到了诸如"可以做你的妈妈真是太好了"或"有你这样的女儿，我非常高兴"等充满爱的话语时，就算是有点难为情，想必也会激动地含泪听父母的谆谆教导吧。

这些话语仿佛告诉了孩子，无论是优点还是缺点，父母都会包容他们的一切，并且坦诚地表达了身为父母的喜悦。孩子听到父母对自己说出这样的话，感受到父母接受了这样一个真实的自己，于是便放下心了。

于是，孩子也渐渐地自我接受了，并且感觉到生活是多么美好，生存可以体现自我价值，同时也会非常高兴自己的存在给父母带来的莫大喜悦。这些感受都在不断地提高孩子的自我认同感。

顾名思义，自我认同感就是肯定自己的心情。人活在这个世界上，这种心情是最重要、最基本的感情。

自我认同感很低的孩子，无论在家庭还是在学校，由于内心不安，所以能够开心的事情很少，不擅长人际交往，总是一个人孤孤单单。

相反，据调查显示，自我认同感很高的孩子，不管在哪里都很安心，所以任何场面都能应对自如，无论在学校或是社团都能很快地交到朋友，并且能够积极地参加各种活动。

总之，为了孩子能够乐观地享受人生，父母能够为孩子做的最重要的事情就是提高孩子的自我认同感（美好的自我印象成长于自我认同的基石上）。这取决于父母有多么无条件地接受孩子，并令孩子安心。

前面曾提到应该根据不同的情况，有意识地对孩子说一些诸如"可以做你的妈妈真是太好了"或"你是妈妈的孩子真是太好了"等无条件接受孩子的话语。

　　未必非要发生了什么特别事情的时候才说，突然微笑着对孩子诉说也没关系。这样说会令孩子觉得很意外，也许更能对孩子的心灵带来影响。

为了孩子能够乐观地享受人生，父母能够为孩子做的最重要的事情就是提高孩子的自我认同感。

通过身体接触的交流传达爱

为了治愈人的心灵，身体接触的交流是不可或缺的。

人一旦长大，身体接触的交流就会不断减少，听说现在就连夫妇间都很少进行身体接触的交流。这虽然也是个自然的结果，但是对于小孩子来说，身体接触的交流所发挥的作用却不容忽视。

想必大家都知道婴儿若是哭了要马上抱起来哄的常识，但即便是上了幼儿园或小学，像紧紧拥抱、高高抱起、让孩子坐在肩上、亲亲脸蛋和小嘴、牵牵小手等身体接触的交流，对于孩子来说仍然是非常重要的。

为什么人需要身体接触的交流呢？这是因为人们可以通过肌肤的温度、柔软的触感等身体的感觉，传达光靠语言难以传达的安心感和爱。

一旦孩子进入中学或高中，这种身体接触的心灵交流也变得不太好进行了。所以趁着孩子喜欢的时候，要多多地进行身体接触的交流。

通过身体接触传达爱。

3.对孩子传达孩子存在的意义

"有了你才会充满欢乐！"

当孩子一点点长大，开始上幼儿园、上小学，家长们不得不面临诸如早上没时间准备、没时间整理、孩子不学习等麻烦事，并为此愁眉苦脸。

但是请家长们想一想，身为父母的我们，自从孩子出生以来，是否也体验到了许多孩子带来的喜悦和欢乐呢？还是婴儿的时候，宝宝笑了、翻身了、会爬了、开始说话了、会走路了……

每一个画面都那么令人欣喜，当我们情不自禁地把这一点一滴汇报给爷爷奶奶的时候，是多么兴奋啊！

让我们来改变一下视角吧，想想孩子的到来给我们带来了多少欢乐啊！

一定数不胜数。

孩子若是知道了自己的存在会给父母带来喜悦，便会信心大增，再也不会因为过于在意周围人的看法而缩手缩脚，一定会健康茁壮地长大成材。

让我们来改变一下视角吧，想想孩子的到来给我们带来了多少欢乐啊！

4.对孩子传达"我是你最强大后援"的信息

"不管发生什么，我都会支持你！"

人本来就是孤独的个体，请问您是否也曾忽然感到孤独并深受孤独的折磨。

那一定因为我们知道无论出生还是死亡，最终都不过是一个人孤单地赤条条来，赤条条去。

当我们沉静下来的时候，脑海中会不会呈现出那种孤零零的寂寥与孤独呢？正因为如此，当我们有了伙伴、成了家、有了家人，那么"再也不孤单"这样的温馨话是多么温暖人心啊！

即便是成人之后，想必依然会渴望那种安心的感觉吧！

那么孩子会如何呢？

总之，一定会渴望来自妈妈的爱。就算父母不这么想，孩子仍然下意识地观察着妈妈或是身边大人们的脸色，渴望去做令妈妈喜悦的事，渴望做个好孩子。当他慢慢地长大，当他开始上幼儿园和去学校，这时候，他就会渴望得到朋友或是老师的喜爱。

尽管如此，当孩子与小伙伴关系破裂、受到欺负的时候，仍然会失去自信、情绪低落。

在这种时候，父母更要告诉孩子，自己会绝对支持他。

当我们看着情绪低落的孩子心急如焚时，常会说"早知如此，何必当初"或"就是因为知道有今天的结果才告诉过你不行"等埋怨的话。但是绝对不能这样说，这时一句"无论发生什么事妈妈都会支持你"这样的来自妈妈的话，对孩子乐观地重新站起来，坚实地继续走在人生道路上能起到至关重要的作用。

正是在孩子情绪低落的时候才要表达爱

孩子情绪低落的时候

1

孩子孤独的时候

2

正是这种时候，妈妈的一句话
尤其重要！

妈妈是你的朋友！

3

孩子又重新站起来

4

5.对孩子传达无私的爱

"喜欢你！"

当有人对你说"喜欢你"时，你一定不会心情不好吧。

"喜欢你"这句话非常不可思议。给人一种仿佛可以包容你的一切，并紧紧拥抱着你的感觉，这感觉是那么的温暖人心。

如果有人对你说这样的话，你会不会觉得自己仿佛被人紧紧地拥入怀中？"我爱你"这句话有点沉重，令人难以启齿，但是"喜欢你"这句话充满了阳光与朝气，令人感觉到生机勃勃。能够表达"我愿意接受你的一切"或"你对我来说是特别的存在"这样意思的，唯有"喜欢你"这句话。不需要任何的理由，总之只要说一句"喜欢你"就已足够。

被"喜欢你"这样的话语所包围并成长起来的孩子，如人所料也会喜欢着自己。总之，对孩子说句"喜欢你"同样也能提高自我认同感。

其实，当传达的人说出"喜欢你"这句话的时候，大脑就开始搜寻"喜欢你"的所有信息，然后便觉得越来越喜欢了。这句充满魔力的话语越说越会令父母和孩子更加幸福。趁着还不会觉得难为情的时候，请多多地对孩子说吧。

当传达的人说出"喜欢你"这句话的时候，大脑就开始搜寻"喜欢你"的所有信息，然后便觉得越来越喜欢了。

37

称呼名字

　　女性一旦结了婚，做了母亲，人们就不太会称呼她的名字。一般都会称呼"某某的太太"或"某某的妈妈"，等等。即使是在家人之间，也是被称呼"妈妈"或者"孩子他妈"，等等，名字变得很少被人称呼了。

　　称呼自己名字的人一般都是小姑这一辈分的人了。被人用"妈妈"或者"孩子他妈"这样的代名词称呼时，最初觉得既新鲜又高兴，然而总是这么被人这么叫着，会不会觉得自己这个独立的人似乎丢失在哪儿，会不会觉得似乎少了点什么？

　　名字是这个世界上唯一属于自己的固有名词。父母费尽心思为自己取的名字，同时也是自出生以来一直被人称呼，能表达自己存在的最适合的词汇。总而言之，被人称呼名字其实就意味着被人认可、被人尊重。

有了弟弟妹妹后，你会不知不觉常常称呼这个孩子"哥哥"或者"姐姐"，然而请您一定要多多对孩子称呼这个世界上唯一可以证明自己存在的名字。

通过称呼孩子的名字，帮助孩子确定自己存在的价值。

6.为孩子的成长感到喜悦

"你长大了啊！"

看着孩子，深深地体会到"长大了啊"，那是什么时候呢？

是开始站立走路的时候、进入幼儿园的时候、背着书包上学的时候、在社团大展身手的时候，或是拿到毕业证书的时候，在孩子成长的各个阶段，你是否曾经有过这样的感叹呢？在每个成长的阶段，请家长们不要只是感叹，更应该大声地对孩子说："你长大了啊！"但要保持一定距离，远远观察着，充分酝酿出情感了再对孩子诉说。

孩子听着父母如此诉说，想着"对啊，我长大了"，就连自己也认可了自己的成长，同时也感受到了父母对自己成长的喜悦。原来父母一直在关注着自己的成长，含辛茹苦地抚养自己长大，这种时候尤其会涌现出对父母的感恩之情。

　　"长大了啊"这句话并不是什么煽情的话语，也绝不是以恩人自居的态度，只是表达了对孩子的成长由衷地感到喜悦，同时也是一句能令孩子认同自我的含义深刻的话。

原来父母一直在关注着自己的成长，含辛茹苦地抚养自己长大，这种时候尤其会涌现出对父母的感恩之情。

7.不要掺杂进多余的想法

"是这样啊！"

孩子说话的时候，你可以首先点头说"是这样啊"，然后倾听。

好的事情可以做到点头倾听，但是当父母觉得事情不理想的时候，就常常会听不下去，接着就会情不自禁地指责孩子，或是提出建议，总之会忍不住想要表达父母自己的感想。

父母的思维总是想把孩子带到他们想要纠正的方向，所以对于正在畅谈的孩子来说，多数会产生反感。

孩子总是希望得到父母的认可，希望父母理解自己。所以为了更好地理解孩子并好好地倾听，暂且既不肯定也不否定，只要说"是这样啊"就行。

　　孩子听到父母这样说，就会觉得父母理解了自己的所思所想，比起拙劣的鼓励及建议，这样更能令孩子感到安心。这种安心的感觉会令孩子产生自我认同感，同时还会成为孩子乐观生活的一种力量。

为了更好地理解孩子并好好地倾听，暂且既不肯定也不否定，只要说"是这样啊"就行。

妈妈是女明星！

我觉得"妈妈是女明星！"

总之，夸张的反应是语言之外的一种表现，有点夸张却通俗易懂。所谓的"语言之外"指的是表情、肢体语言及声音的抑扬顿挫。

出现在儿童电视节目中的哥哥姐姐的表情、动作、姿势会不会觉得都很夸张呢？

这是为了让孩子看起来通俗易懂，同时也是为了使孩子的感情更加丰富。

"你好棒"，这样一句话也会因表达方式的不同，使语言的强度发生很大变化。

培养一流选手的教练一般都善于赞美他人，而且表现力也是无与伦比的。高兴的时候全身心都在表现高兴的感情。我平时肢体反应也会显得很夸张，身边的人也常对我说："小谷的肢体反应和别人有所不同，看着会令人振奋。"

　　这种表现方式是在针对孩子，特别是表扬的时候，充分地传达惊讶、佩服、喜悦的表现，批评的时候或是想要纠正行为的时候，好好地传达沮丧、懊悔、悲伤的表现，比起平时的交流更夸张地表现！

　　这才是铁的法则。妈妈通过形象地表现喜怒哀乐，培养孩子的想象力，丰富孩子的情感。

Part 2

提高士气的赞美语言

1.不要和别人相比，要和自己的过去相比

"比以前进步了！"

父母总是会不自觉地将自己的孩子和周围的孩子相比，总是会想"那个孩子那么棒，可我家的孩子……"或是"哥哥很优秀，可这个孩子……"等。

但那对于孩子来说是非常痛苦的事。正是因为难受，甚至会产生抵抗情绪。

正如人们常说的"人外有人，天外有天"那样，根本就没有最强，所以如果总是和别人比较的话，那么永远也无法进行赞美。

如果一定要比较，就和这个孩子的过去比较吧。比起一年前、半年前、一个月前或是昨天，我想呼吁大家将眼光放在孩子今天已经进步许多了。

　　然而，并不是说和他人相比就一定不好。那是指在意识到了竞争对手的时候。竞争意识之所以能够产生良好的效果，是因为孩子自发地意识到了竞争。用"我要比他走得更远"或"我要战胜他"的想法激励着自己，这对于孩子来说是一种正能量。

　　很遗憾，父母常拿自己的孩子去和其他的孩子进行比较，这种做法不好。这会打击孩子健康成长的渴望，所以要多加注意。

2.夸张的赞美

"哇！"

就像是口头禅似的，我常说"哇"。

这种反应也许不那么适合女性，但是却常在我平时的谈话中出现，尤其对方是孩子的场合，更会夸张地说"哇——"以此来表达惊讶，有时候还会根据情形加一句"太棒了"。

仅仅是这么一个词，它所拥有的意义及其效果却非常之大。当然说的同时要配上非常吃惊的表情及适当的语调。

大人们对于孩子们所做的事情，如果用很夸张的反应来表达惊讶的话，我认为即便是很小的一件事都能产生意想不到的效果。那是因为如果你对孩子惊讶地说"哇"，孩子就会觉得"原来我很了不起"。

　　这种说法用文字来表达有点难，首先睁大眼睛，嘴形做成"哇"的形状，接着拍一下手惊讶地对孩子说出"哇"，孩子此时会因此心花怒放，外表看起来也会有点害羞，有点假装正经，但是一定心情不错，从而干劲十足。

如果你对孩子惊讶地说"哇"，孩子就会觉得"原来我很了不起"。

3.不仅赞美成果，更要赞美努力

"你努力了，你努力了！"

无论是在兴趣班、补习班、学校、社团活动，或者是帮忙做家务事，父母都习惯于对孩子追求结果。

分数上涨、排位上升、升级或是在大赛中获胜，等等，重视结果无可厚非，期待眼睛能看到的结果没有什么不好，但是只有在出现了成绩的时候才表扬，在这种环境中培养出来的孩子，会觉得没有成绩的自己没有丝毫价值。

照这样发展下去，非但不能令孩子提升士气，反而容易令孩子放弃。

努力未必会成功，然而正如常言所说的，坚持就是胜利，没有出成绩之前的那些努力不断积累，总有一天汗水不会白流，那些努力也会开花，会结果。因为累积的过程蕴含着丰富的意义。所以，不光是出现成绩的时候要表扬，孩子努力了也要肯定并多加表扬。

　　告诉孩子汗水不会白流。只有这样，才能培养坚持不懈、百折不挠、持之以恒的孩子。

告诉孩子汗水不会白流。只有这样，才能培养坚持不懈、百折不挠、持之以恒的孩子。

莫忘礼仪

无论在学校还是踏入社会，我们都会被教导"与人见面要诚心地问好"。

甚至有的公司光是靠彻底贯彻礼仪，便可以令公司的业绩得到提升。有人会觉得礼仪是理所当然的，然而，为什么礼仪会如此重要呢？

事实上，礼仪中包含承认或认可彼此的存在之意。正因为有了人的存在，所表达的礼仪才能真正成为"我现在认可你的存在"的证据。

认可他人的存在是人类关系的基础，同时也是人际交往得以圆满顺利所必不可少的一环。而且在平时生活中的每个阶段所表达的礼仪，有时体现了人们的行为规范准则，有时表达了对人的感谢之意，有时纯粹只是为了表达一种礼节，等等，每当对他人表达礼仪的时候，礼貌的话语也会成为净化内心的非常重要的语言。

请问，在您的家庭能将礼仪进行到什么程度？

"早上好""您走好""我回来了""欢迎回来""我开始吃了""谢谢我吃完了""晚安"等，像这样，父母不时地对孩子说几句问候语，孩子就会感觉到父母对自己的重视，对自己的珍惜，于是便会感到安心。

妈妈一句充满朝气的问候，可以令全家充满阳光。

不能要求孩子说问候语，而是要从自身开始，养成开朗的问候习惯。

更重要的是夫妻间的问候。孩子在看着父母的一言一行，夫妻间若是没有问候和关怀，就无法把问候等礼仪的重要性传达给孩子。想必大家都渴望一家人轻松地寒暄问候吧。

4.传达别人的赞美

"某某的妈妈，夸奖了你！"

如果听到了朋友的妈妈夸奖了自己，你会是什么心情呢？

如果是我，我可以想象那位妈妈对于她的孩子与我交朋友感到欣喜，同时也认可了我们的友谊，并且自己的父母听了别人对我的夸奖也会为我感到高兴，这时自己就会非常愉悦。

这是受到朋友的和自己妈妈双重表扬的感觉，若是妈妈再加一句"妈妈太高兴了"就更好了。

另外，如果间接地告诉孩子某人夸奖了他，孩子便会感到惊奇，觉得即便在不知不觉中也有人在关注着自己，便会产生适当的紧张，就会更加想要努力。

如果谁表扬了我们的孩子，无需谦虚，请一定要道谢之后坦诚地接受，然后传达给孩子。不仅是受到亲人的表扬，受到周围人表扬的感觉也能给孩子带来自信。

如果谁表扬了我们的孩子，无需谦虚，请一定要道谢之后坦诚地接受，然后传达给孩子。

5.时常回忆生活中的小事并进行赞美

"尽管如此，每天坚持去上学，太棒了！"

我们总是不由得看着高处，渴望获得更多，想着一定要成长。

当然，遵从内心的欲望，渴望提高自我、促使自己孩子成长的心情非常重要，但是仔细想想，来到这个世界上，每天只是过着普通的生活，这也是个奇迹。

早晨起床、刷牙、吃饭、上幼儿园或是去学校、和朋友交往、学各种技艺……当然，生活中还有许多有趣的事，就这样只是每天过着普通的生活，我们都很努力，都很充实。

就连孩子上了学校或幼儿园，想必都会有一两件烦恼的事，也会有需要小心注意的事，同时还会有不想做却必须做的事。

因此，只是每天过好普通的生活也是一件了不起的事。偶尔让我们客观地体会一下生存和被生存，让我们返回到一切的原点吧。

唯有这样，我们才可以感觉到，每天做的那些理所当然的事，是多么有意义啊。

如果把这个道理告诉孩子，孩子就会从"必须做个更优秀的孩子"或"必须做得更好"等无形的压力中解脱出来，一下子就能够放下压在身上的重担，一点点开发出身上独特的潜能。

即便是做不了什么特别的事，只是做着普普通通的事的孩子，请家长们也要给予认可。请不断地告诉孩子，尽管有些事暂时做不到，但是每天坚持做你能做的，也很棒了。

如此一来，孩子就会觉得"现在的自己也不错"，从而奠定了自我认同感成长的基石。

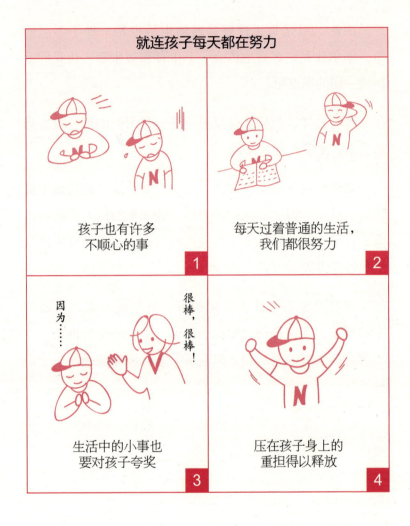

就连孩子每天都在努力

1. 孩子也有许多不顺心的事
2. 每天过着普通的生活，我们都很努力
3. 生活中的小事也要对孩子夸奖
4. 压在孩子身上的重担得以释放

6.只关注好的方面

"这件事你做得真好！"

世上没有什么都能做得完美的孩子。

孩子也会有擅长的和不擅长的。这也许违背了父母的期待，不过是否充分地关注了孩子擅长的方面，是否能够对孩子表示认可，才是孩子提升的关键。

家长们常会唠叨孩子"学习不行""运动不行""又不会整理"，等等，但是请更加仔细地观察孩子吧。比如汉字写得很漂亮、算数很快、看地图很仔细，等等，孩子一定会有擅长的一面。

那些方面也许就是孩子的长处，要好好挖掘出潜能并给予肯定。就这样，通过一点点挖掘孩子的长处，渐渐地，孩子就会充满自信，干劲十足。

　　父母不认可自己的孩子，是很可悲的事。

　　我呼吁家长们改变视角，在适当的方面认可孩子擅长的事情。

通过一点点挖掘孩子的长处，渐渐地，孩子就会充满自信，干劲十足。

专栏

夫妻关系要融洽

有一位女性朋友从事挽救失足少年的活动，前阵子她告诉我："孩子走上失足道路的原因只有一个，那就是夫妻不和。"

她看到过许多孩子走上失足道路，正因为如此，她的话令人感觉很沉重。

对于孩子来说，父母生养了自己，在自己的心中地位很崇高。如果父母每天互相仇视，家中充满了不和谐的气氛，孩子自然就会感到不安。而且对于从懂事起到青春期的孩子来说，父母的离婚会给孩子带来很大的打击。

孩子甚至会责问自己："我是不是不该来到这世界？"进而会怀疑是不是自己的存在令父母关系恶劣。

父母背后互相说坏话也不好，这一切孩子都听得到。因为妈妈总是说爸爸的坏话，那个孩子就会轻视自己的爸爸，并且看着这样的父母，孩子容易走入误区，从而长大了也不想当父母，不想结婚。

夫妻关系融洽对安定孩子的内心起到的作用是不争的事实。请家长们一定要夫妻和谐，甚至偶尔可以把孩子抛在一边，享受和孩子他爸交谈的时刻。比起把夫妻不和的坏影响传给孩子，对孩子来说，那样做孩子会更高兴。

7.肯定孩子对事物的执着

"竟然能那样做，太了不起了！"

参加过研讨会的一位妈妈对我说："我家的儿子很喜欢恐龙，不管是吃饭的时候还是在学校上课的时候都会走神，心思一下子就飞到侏罗纪了。我该怎么办呢？"

我回答道："竟然飞到了侏罗纪，太了不起了！孩子那么喜欢，其中一定有什么原因。对于孩子喜欢恐龙你要多加支持。"于是那位妈妈对我回答："哦，这样啊，我明白了，我也要和孩子一起学会认识各种各样的恐龙！"

孩子常常会对父母觉得奇怪的事情抱有兴趣。

父母看来可能觉得只是游戏或是毫无意义的事，但是孩子在不知不觉沉迷于其中时，潜能就在萌发。因此，让我们夸奖孩子："竟然能那样做，太了不起了！"同时也可以兴致勃勃地幻想一下，若是那方面的能力不断提高，今后将前程似锦啊！并且现在就是个工作不断推陈出新的时代，这样想来孩子的前途在将来一定会不可限量。

孩子常常会对父母觉得奇怪的事情抱有兴趣。

8.让孩子对成功留下深刻印象

"如果合格了，会有什么好事等着我们呢？"

人们行动的理由只有两个。

一个是为了获得高兴、喜悦等"快乐"的感情。另一个是为了避免悲伤、痛苦等"不快"的感情。因为不想考得不好而失望，或是因为不愿意被父母批评，所以"学习"是为了避免"不快"的行动。

因为考得好心情就会好，或是因为父母表扬了就会很开心，所以"学习"是为了获得"快乐"的行动。两种前提导致的结果都是"学习"这样的行动，但同样是前者和后者，你会希望因为哪个原因而学习呢？

后者"为了获得快乐"的学习似乎更令人愉快吧。不断地进行"为了避免不快"的行动是很痛苦的，长期持续会令人疲倦。

如果想让孩子达成目标，首先要让孩子彻底地展望目标达成之后会有多少收获。这样在孩子的脑海中，就会展现出一幅鲜明的画面，同时心里也会跃跃而试，然后就会促使其采取达成目标的行动，进而成为一种健康的正能量。

如果那个目标是考试合格，在合格的同时不要让孩子患上考试恐惧症，要让孩子为了未来的幸福继续热情洋溢地度过学校生涯。

"如果合格了，会有什么好事等着我们呢？"父母要一边问孩子，一边和孩子一起兴奋地畅想美好的事情。

达成目标的兴奋感很重要！

与其沉湎于"不快"

不如努力展望"愉快"，
这样事情会更顺利！

妈妈这样说，孩子最优秀

9.相信孩子会成功并努力促成

"一定行！做做看吧！"

当你想做点什么，又担心自己能否成功，虽然不是很自信，但仍然想尝试一下时，有人却对你说"你不行，最好放弃"，此时你的心情会如何呢？

如果你想的是"原来如此，还是不行啊"，然后放弃行动，那么就不会产生丝毫结果。

与此相反，如果有人对你说"一定行！做做看吧"，此时又会怎样呢？想必一定会想"我行吗？好吧，做做看吧"。这样的结果，无论是好还是坏，比起不行动，至少能令人成长。

这些正能量的话语，朋友说了都会起到作用，要是出自父母的口中，会有什么效果呢？

对于孩子来说，父母是给予了自己生命的人。出自父母口中的"不行"和"行"，比起出自他人口中的，在力量上有相当大的差别。

因此，不要忽视对孩子潜能的培养，要认为所有的挑战和行动都有一定的价值，所以请对孩子说"行"。

人们都不会从无所事事中产生自信。只有通过去做、去行动，才能令人充满自信。

必须注意，虽然要相信孩子会成功，但是就算没有成功也不要苛责，要让孩子去寻找自己能从中学到什么，吸取教训以后可以做得更好。

妈妈说鼓励的话，孩子会进步！

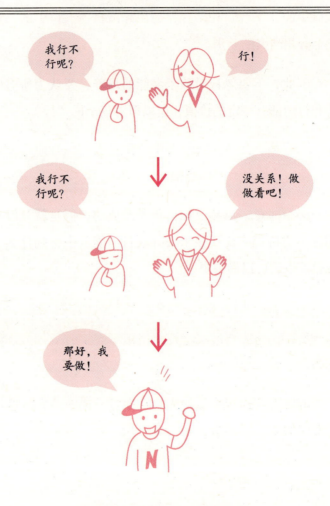

反复地说这些话，你就会
培养出敢于迎接挑战的孩子

10.对达成的方法进行提问

"你觉得怎样才能做到呢？"

当孩子说"我想尝试一下"，此时希望父母们回答的是"你觉得怎样才能做到呢"。

我们的大脑若是随它乱想，总是会不由得想出许多"不行的理由"。那是因为人类是不喜欢改变的生物，如果采取新的行动，变成不同的自己，潜意识里就会不开心。所以，努力有意识地使大脑考虑"达成的方法"就显得非常重要。

能够不断迎接挑战的人、在商场上成功的人、进行研究发明的人、运动家、在各个领域获得了成功的人等等，他们都是一个劲地考虑"怎么做才能成功"，并付诸行动的人们。

比如说孩子把饮料溢了出来，你生气地问："为什么会溢出饮料？"就算你生气，得到的也只不过是孩子的辩解。但是如果你问："你认为下次该怎么做才能很好地喝到饮料呢？"那么孩子就会去思考能很好地喝到饮料的方法。像这样只有在事情进行不顺的时候，去问孩子"怎么做……才行呢"，就能让孩子去积极地思考行动的方法。

"即使不行也正常"的想法能使妈妈心情放松

父母总是有点贪得无厌。

希望学习好的孩子运动也很好，运动好的孩子又希望他学习好，如果学习和运动都好，又希望孩子成为在音乐、艺术方面也优秀的孩子。

无论孩子能不能胜任，总是不断地期望孩子"更优秀、更优秀"。

看着别的孩子很优秀，就会去激励孩子"为什么我家的孩子不行呢？一定是不够努力，还要更努力，还要加油"。

我的儿子学习不用督促也很轻松，但是运动方面却不太好，这时我就对他说："你是男孩子，希望你运动方面也能很酷。"然后热心地劝他加入运动社团。所以我非常能理解父母们希望孩子好了还要更好的心情。甚至还希望孩子很会收拾整理，希望孩子很会交朋结友，等等，父母的欲望无穷无尽。

但是请大家冷静地想想。
一定要那么全能吗？
某些方面不擅长的孩子真的就不行吗？
什么都会，这样正常吗？

应该不是这样的。如果大家都一样完美了，那不是机器人的世界了吗？怎么会是人的世界呢？

人一出生，不仅长得不同，体型也不同，甚至人种不同，肤色和头发的颜色也不同。相同的只是大家都属于"人类"这种生物，为了生存，同样具有生理机能，除此之外都不同。所有学习能力的状况、运动神经不同也是正常的。大家在许多方面体现出不同都是正常的。

应该可以、做得好是正常的、还能做得更好……如果按照这样的思维来教育孩子，压力就会不断累积。这种情况，不管是对于孩子还是对于父母都是不妙的事。

　　就当孩子还是婴儿，以做不到是正常的观点来看待问题吧，那么无论是多么微不足道的事情，你都会觉得"太棒了"。

　　不要贪得无厌，让我们尝试着想"做不到很正常，做到了太幸运！太了不起了！太棒了"。按照这样的思维，就能发现我们孩子的优点和进步，妈妈的心情会变轻松，对孩子的教育会变轻松，最后孩子的潜能也会得到开发。

Part 3

培养天才的魔法语言

1.把孩子当作老师

"某某老师，请教教我！"

老师这个词汇中包含了"伟大的人"的含义。

那么我们把小孩子当作老师，会产生什么效果呢？

我曾经把孩子当作老师，并与其交谈过。

当孩子拿着喜欢的书、对某件事感兴趣，或是在做游戏的时候，可以跟在孩子后面问："老师，这是什么呀？"

得到孩子回答后，可以再继续问："不愧是老师！知道的真多啊！（夸张地）那么这又是什么呢？"于是孩子就会非常得意地继续教你。

提问后碰到不明白的问题，可以先对孩子说："这好像是××。"接着又可以尝试问："这是什么呢？有点不记得了。"孩子回答后，如果你再说一句："不愧是老师！我已经记住了！"这时孩子就会得意洋洋，很有耐心地为我们解释说明，似乎连你不明白的事也想要让你记住。

　　"老师"这个词汇其实就是可以瞬间提高自我印象的词汇。把孩子当作老师进行交谈，对于激发好奇心、拓展优势、迅速提高干劲非常有效果。

把孩子当作老师进行交谈，对于激发好奇心、拓展优势、迅速提高干劲非常有效果。

2.激励并唤起潜能

"东京大学，你也许能考上！"

在"能力开发的魔术师"西田文郎先生的《也许的法则》一书中曾提到："人脑中隐藏着两种'也许'。如果让'进行顺利的也许''成功的也许'及'行不通的也许''不能成功的也许'栖息在脑中，人生会发生很大的改变。无论是工作、恋爱还是教育孩子，都会由'也许'所决定。"

也就是说，一直让乐观思维的"也许"栖息在脑中更容易获得幸福。

这一切都是在脑海中所展望过的印象，通过使用"也许"来传达，获得事情进展顺利的印象，是多么重要啊！如此想来，一副充满笑容的"也许"出现在脑海中，你难道不会感到心情愉快吗？

"东京大学，也许你能考上！"这句话的妙处就在于淡淡的语气。

如果说"一定考得上"，那么就会令人觉得语气沉重，似乎会成为一种压力，但是当人们平淡而轻快地说"也许考得上"，那么听的一方就会不可思议地觉得"也许吧"或"如果考上了也许很不错"。

进行重要的挑战时，常有由于太过于关注实力而过度紧张，从而造成失败的情况，所以"也许"给予的轻快感觉具有非常深刻的意义。

特别是当成绩有了一些提高，以及美好的种子萌芽的时候，"东京大学，也许你能考上！"这么一句能够在孩子脑海中激发潜能的"也许"，请说出口。

不断地对孩子说"进行顺利的'也许'"和"成功的'也许'"，越说孩子的干劲就越高，成功的可能性也就越高。

把乐观的"也许"作为口头禅吧

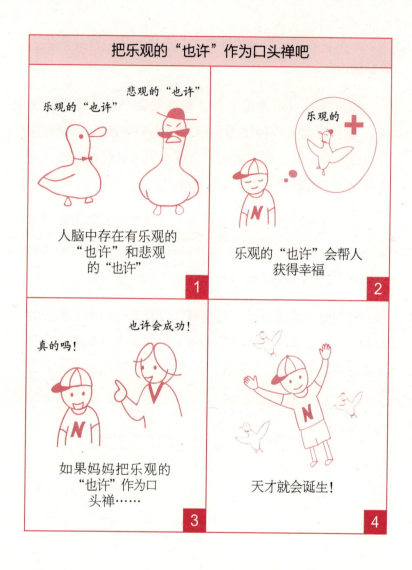

乐观的"也许"　　　悲观的"也许"

1　人脑中存在有乐观的"也许"和悲观的"也许"

乐观的

2　乐观的"也许"会帮人获得幸福

真的吗！　　也许会成功！

3　如果妈妈把乐观的"也许"作为口头禅……

4　天才就会诞生！

3.创设"你很了不起"的前提

"你一定行，因为你是××！"

现在，如果你的父母对你说这句话，你会觉得如何？

根据现在自己所拥有的自我印象的高度，感觉也会各有千秋吧。

因此，可以说这句话对于大人也许不太有效果。为什么会这么说呢？因为这句话根本就没有根据。这个公式不用说也知道是编造出来的。也就是说这句话是没有根据，创造出前提的语言——"××=了不起的人"。

也就是说，前提是"自己的存在，在出生的时候就是个了不起的存在，是个有价值的存在"。只有在孩子很小的时候，才能够简单地创造这个前提及自我印象。因此，一定要趁着孩子还小，不断地对孩子说这句话。通过这句话形成一种"没有根据的自信"，这种自信将会成为人生取得成功的巨大力量。

即使长大了，这句话对自我印象很高的孩子依然有效果。"你一定行"这句话会成为令孩子重新正视自己的一股强大力量，会令孩子觉得"自己是很了不起的存在"。

"你一定行"这句话会成为令孩子重新正视自己的一股强大力量，会令孩子觉得"自己是很了不起的存在"。

做好饭一起用餐

最近孩子的用餐常出现的问题是叫作"六种用餐"的用餐方式。

"个食"……每个人按不同的菜单用餐；

"固食"……全部是一样的菜，营养不均衡的用餐；

"粉食"……大量吃面包、面食等面粉类的用餐；

"浓食"……尽是味道很浓的用餐；

"小食"……量很小的用餐；

"孤食"……一个人用餐。

用餐是人类生活中所必不可缺的活动。日本食物的自给自足率之低即便在发达国家中也极少见，但矛盾的是剩饭的处理量却非常高。战后，用餐欧美化的理念深入到各家各户，但是日本人原本过着日式生活，吃着鱼、米饭、蔬菜，喝着味噌汤，这其实是最健康的。

正是在这种饮食环境下生长起来的人们带动了战后的经济成长，提高了人们的平均寿命。

因此，建议大家继续传统用餐的方式。应该和孩子一起愉快地吃饭，比起学历更应该着重培养孩子的身心健康，特别是要培养生存能力。

作为父母的我们应该回到原点，绝对不能忘记人生存在这个世界上最重要的事情。

4.让孩子深信自己是天才

"哇，果然是天才！"

让孩子成为天才的诀窍就是不断地对孩子说这句话。

并且通过附加"果然"，来制造之前就是这么认为、本来就是这么认为的一个前提。

光是说"真是天才"，似乎表达了这个认识是从今天或从现在才开始有的，与"果然是天才"这句话相比，感觉上似乎弱了点。

从父母那儿听到这句话的孩子会觉得"哦，是啊，我是天才啊"，从而再次认识自己，特别是由于附加了"原来"这个词汇，孩子更会在心中想"妈妈觉得我是天才，原来不是从现在才开始的，一直都认为我是天才"，于是孩子便深信如此，进而对孩子起到积极的作用。

同时还可以传达父母对孩子的信任，孩子细细品味着这份信任，心中会充满喜悦。

不光是"天才"这个词汇，比如"果然成功了""果然很棒""果然很酷"等，像这样在"果然"的后面附加一些正能量的语言，对提高孩子的自我印象能够起到很大作用。

5.告诉孩子已超过了父母

"这么难的事你竟然都会做，连爸爸妈妈都不会。"

对于孩子来说，父母是无所不能、值得依赖的存在。如此了不起的爸爸妈妈都做不到的事，自己居然能做到，孩子便会信心十足。父母不仅在学习或运动方面可以对孩子如此诉说，在游戏方面也可以。

为了更好地传达这句话，父母必须在心中认定"孩子就是要超越父母"。如果父母觉得孩子比自己逊色，那么这句话就无法由衷地说出，同时也无法找出孩子原来就存在的优势。

孩子与父母相比，从祖先那儿获得的混合遗传基因更多，所以孩子超越父母是正常的。因此，最重要的就是作为父母，看着孩子的时候，眼光中一定要含有"孩子一定会超过自己"的信念。

但是，不能因为说这句话而破坏父母的形象，所以父母一定要向孩子展示，自己在擅长的领域自信地工作及生活的姿态。不仅要赞美孩子，同时也有必要努力做个受孩子尊敬的父母。

不仅要赞美孩子，同时也有必要努力做个受孩子尊敬的父母。

6.对孩子说那是当然的

"你能考上东京大学！"

著名马拉松选手，外号叫小Q的高桥尚子本来不是长距离跑步的选手，成绩也不是特别好。

但是她非常喜欢跑步，而且非常崇拜著名的马拉松教练小出义雄，便去请求小出义雄教练收自己为弟子。

小出教练第一眼见到她就说"太好了！你很棒"，然后欣然接受了，于是小Q就转行到马拉松。就是从那天起，小出教练对小Q喊出"你会成为世界第一"。

最初小Q还是半信半疑，但是因为如此尊敬的小出教练每天不断地重复着那句话，于是从开始的不太相信，到最后的深信不疑，结果就如大家所看到的一样，她在奥运会中获得了优胜。

小出教练最初同意收小Q为弟子的原因，据说只是因为小Q的笑容很甜美。

怎么样？

这个事例证明，自己尊敬的人不容置疑的一句"你可以"，就能对提升人的自我印象起到巨大的作用，并且能够大幅度地提高人的能力和挖掘潜能。

那是因为相信有潜力可挖掘。

当自己尊敬的具有崇高形象的父母轻描淡写的一句"你能进东京大学"，这时潜意识中能够进东京大学的自我感觉就会出现。在这里"轻描淡写地说"很关键。只有"轻描淡写地说"才能增添理所当然的感觉。

这种情形也尽可能在孩子很小的时候，或是大一点的孩子自己如此认为的场合才有效果。

而且万一结果不如意时，豁达的心态很重要。

被人说"你可以"的孩子真的会很棒

对于孩子来说，父母是自己尊敬的人

你可以进
东京大学

如果父母轻描淡写地说"你可以"

孩子就会相信自己有潜力

7.对事物的认知表示惊讶

"你知道的真多呀，在哪儿学到的呀？"

我的儿子常常会在不知不觉中学到一些东西，我想你一定有过这样的经验。

儿子大多数是通过电视学到的，每当这时候我总是会惊奇地问："你知道的真多呀，太厉害了，在哪儿学到的呀？"

我这样问过之后，儿子便想知道得更多，于是就激发了儿子对知识如饥似渴的欲望。

就算是孩子和父母看着同样的电视，接收到的东西、捕捉到的信息以及记住的数据也会有所不同。

因此，孩子比起父母知道得更多，是毋庸置疑的。对孩子所了解到的知识一一给予认可，不仅可以激发孩子对知识的好奇心，而且还能令孩子充满自信。

　　一旦孩子长大成人，就会对周围的事物觉得司空见惯。所以，我们应该尊重孩子的视点和直觉，应该好好地保护这份纯真以及好奇心。

对孩子所了解到的知识一一给予认可，不仅可以激发孩子对知识的好奇心，而且还能令孩子充满自信。

8.传达作为天才父母的心情

"有如此天才的孩子，妈妈太幸福了！"

孩子究竟是从什么时候开始意识到"天才"这个词汇是赞美的语言的呢？

我不记得曾经教过孩子"天才"这个词汇，但是我想当孩子听到有人对他说"你是天才"，一定会很高兴吧。

父母无意识中发现了孩子的优点，然后脱口而出"你是天才"，我想此时孩子一定是自然而然地意识到这是在夸奖自己，并且知道这是最高级别的赞美吧。

不仅在学习方面，只要孩子对某事产生了兴趣，不可思议地学到了许多，并且了解得非常详细，就应该立刻对孩子说"你是天才"，并告诉他，对于能有这样的孩子感到非常光荣。

　　之前所说的培养天才的"咒语"的所有主语都是"你"的感受，但是这里所说的都是"我"的感受。

　　曾说过多次，父母对孩子的认可，为孩子而感到骄傲，等等，对于孩子来说是最高兴的事，并且会成为孩子自信的源泉。

　　父母的一句"有如此天才的孩子，妈妈太幸福了"会和"自己是天才"这样的自我印象相得益彰，令孩子觉得自己会给父母带来幸福，这其实就是给予了孩子最大的肯定，更能激发他渴望自我提高的欲求。

父母喜悦的笑颜会成为孩子的精神食粮

告诉孩子，妈妈为他感到骄傲

- "我会让妈妈幸福"的真实感觉
- "我还要做得更好"的心情

孩子会涌现出许许多多类似的正能量！！！

带孩子去游玩

一旦出了门，无论多么近，也会和待在家里有所不同，或多或少会令人感到不安。

那是因为来到了不属于自己的生活范围空间，不仅受到了外在物理性的刺激，还接触到了许多非家庭成员。当孩子置身于那种环境中，就会莫名地感受到对家人的牵挂，同时那份牵挂也会因此而越来越强烈。

因此，无论是公园或是其他场所，父母带着孩子外出游玩，既可以令孩子感受到父母的存在，也可以令孩子真切地体会到被父母守护的温馨。

特别是父母百忙之中抽出时间，令孩子获得新的体验愉快的经历，这对于孩子来说，比平时更能感受到来自父母的爱。

回想起小学时，每年暑假一家四口去郊游，在河里嬉戏，在高原漫步，此情此景依然能令我深深地感受到父母对女儿的爱。

也许会想"太忙了没时间"，或是"休息日不想动，只想休息休息"，但是我们还是应该尽可能腾出时间，带孩子出去玩。这其实不需要花钱。

只需要和大自然接触。一旦上了初中或高中，父母即使想和孩子一起去玩，孩子也不会跟着去了。

对于孩子来说，小时候和父母一起出去游玩的体验，会成为一份爱深深地留存于心中。

父母带着孩子外出游玩，既可以令孩子感受到父母的存在，也可以令孩子真切地体会到被父母守护的温馨。

Part 4

低落时的激励语言

1.让孩子明白，不经历风雨，怎能见彩虹

"天将降大任于斯人也，必先苦其心志！这样很好。"

因为失败或是不顺心而意志消沉时，人们总是会觉得做什么都不如意，总是会把这份不安扩大化。

因此当成绩不理想时，对孩子说"瞧，被我说中了吧"；当发生了意想不到的事件时，对孩子训斥道"你在做什么，为什么要做这样的事"，等等。对孩子说些雪上加霜的话，只会令孩子更失去自信。

常言道："世上无难事，只怕有心人。"只要对此深信不疑，无论是多么大的艰难险阻，心里都会有一个信念，相信一定会成功。

要让孩子明白，失败是成功之母，唯有如此，孩子今后才能不屈不挠、坚持不懈地度过人生。

孩子失败的时候，请对孩子说"这样已经很好了"。

父母正能量的语言对孩子来说是最有力的安慰。

父母正能量的语言对孩子来说是最有力的安慰。

2.将不可能变为可能

"事情一定会往好的方面发展！"

这是一个制鞋公司员工所讲的故事。

据说公司组织员工去某个发展中国家视察，不知为何那个国家的人都赤着脚。看到这种情形，有个员工就打报告说："在那个国家卖不出鞋子，因为谁都不穿鞋子。"

另外一个员工却说："这是机会，那个国家的人谁都没有穿鞋，所以每个人都可以买一双。"同一件事情，却有着完全相反的两种看法，您认为谁的看法更能带来一个好的结果呢？

比起不足的地方，眼光更应该关注积极的方面，这是基本，同时也是非常重要的一点，但是还有另一层深意。那就是，不足其实就是意味着充满了提升空间。

　　100分是最出色的考试分数，不可能再超越了，但若是50分，就意味着还有50分的增长空间。

　　"现在还不行其实就意味着今后成功的可能性很大"，孩子从父母那里听到这句话，一定会取得提高。

"现在还不行其实就意味着今后成功的可能性很大"，孩子从父母那里听到这句话，一定会取得提高。

3.积极乐观地理解，事物是发生在适当的时机

"还好发生在现在！"

我儿子在高中三年级暑假前，曾因肺部局部开裂、据说是种"肺气胸"的病而住院。当时正好面临期末考试，结果未能参加期末考试。

若是平时，就会因"偏偏这时发生这种事"而懊丧，但当时我想的却是"还好是这时候发生，而没有发生在高考的时候"。

于是我就祈祷儿子的病高考时不要再发作，最后事情确实如我所愿，只是在统考前一星期发作了。

但是通过那次夏天的经验，我知道了一旦发生了状况，有一种不需要住院的好方法，就是用一个小装置穿在胸部，然后去参加考试，从外表来看，什么也看不出，就这样顺利地完成了那次考试。

我当时觉得"这次消灾了，考试一定没问题"，最后结果确实如我所愿，儿子取得了出色的成绩。

这件事情至今仍深深地留在我的脑海中，并且更使我觉得儿子的成绩是多么来之不易。

"为什么偏偏这时候发生了这种事情，太倒霉了！"我觉得如果当时作为父母只是一味地叹息，那么儿子很可能会落榜。

该发生的总会发生，由于发生在合适的时机，所以我常想多亏事情发生在那时才有了今天。同时觉得无论发生什么事情，乐观地看待事物正是不屈不挠、积极乐观地度过人生的窍门。

用"我"这个信息来传达

正如前面曾提过的"可以做你的妈妈真是太好了""有了你才会充满欢乐""喜欢你"一样，这部分文章中的主语也是"我"。

总之，这些话语都是在传达因为孩子的存在，给妈妈带来的影响及感情。主语是"我（妈妈）"，传达"我"所获得的影响及感情的语句，在此称之为信息。

孩子渴望看到妈妈喜悦的容颜。
因此妈妈高兴孩子也高兴，妈妈难受孩子也难受。

如果孩子知道自己带给了妈妈许多美好的影响及感情，就能认可自己，并且想再一次重复同样的事情。

不仅是认可孩子的时候，对孩子的良好行为表达赞美的时候，也应该像个女演员一样夸张，比如说"真是个好孩子"就不如说"你能做到这点，妈妈真是太高兴了！"这时不管是作为听众的孩子还是作为说话人的妈妈，都会因此而越来越高兴，真是一举两得。

　　自己收获到的影响及感情，能够用语言完美地表达，证明了心底的坦诚。妈妈正是通过这份坦诚令孩子也能成长为一个坦诚的、感情丰富的人。

4.让孩子思考从这件事情中可以学到什么

"你是不是觉得任何事情都是一次学习的机会？"

对于负面的事情，首先要理解"这样很好啊"。接下来应该提出"你是不是觉得任何事情都是一次学习的机会"，就像是没有自己超越不了的事情一样，一定要认为在自己身上发生的事情一定有其意义，然后让孩子思考那个意义是什么。

这样不仅可以客观地反省自我，提高寻找事物解决方法的能力，还可以冷静地分析发生的事情并因此涌现出向前迈出的勇气。

无论什么事情，都会有某种看不到的力量在运作，只要常思考"它告诉了我什么呢"，那么我想多么恐怖的事情都会消失。

当朋友关系不顺利，或是发生矛盾的时候，当学习成绩下降的时候……应该让孩子思考这些事情究竟告诉了自己什么道理。

　　只要抱着"可以学到东西"的前提进行提问，大脑就会拼命地寻找出答案。

只要抱着"可以学到东西"的前提进行提问，大脑就会拼命地寻找出答案。

5.传达体验的重要性

"又是一次很棒的体验。"

说个极端的话题，打过架的人的心情，只有体验过的人才明白；考试得过零分的心情和受到过朋友欺侮的心情也一样。因此只有体验过，才会知道这种事情是非常有价值的。

事实上，有许多大人物正是因为历经了千辛万苦，所以才改变了自己人生，也有许多大人物从受人欺凌、痛彻心扉的体验中开辟了崭新的人生。

我也曾觉得人生没有价值，甚至想过离婚，如果不曾有过这样的经历，也不可能有现在这样的我，并且儿子也是因为在小学时受到过小小的创伤，才萌发了自我意识，也许他和同班同学一直保持关系，就不可能进入现在的大学。

在孩子身上不管发生了什么事，父母都不要悲观叹息，不要指责，应该和孩子一起体会那种痛苦，最后一定要乐观地理解事物，并告诉孩子从中"收获了一份好的经验"。

只有体验过，才会知道这种事情是非常有价值的。

6.让孩子放松

"有时也会出现这样的情况！"

　　有绝对把握却失败的时候所受到的打击，比没有自信而失败所受的打击更大。这时令孩子心情放松的就是这句话。

　　其他的语言还有诸如"没关系"。当儿子犯了错，没取得理想的分数时，或是没有通过意料中的级别时，我总是对孩子说这句话。

　　这句话中隐含了"偶尔也会这样"的含义。总而言之，就是意味着这不是真正的实力。用一句成语来说就是"智者千虑，必有一失"，或是"人非圣贤，孰能无过"。

　　换言之，这句话表达的其实就是相信孩子的能力。因此，通过告诉孩子"有时也会出现这样的情况"来传达"这不是你真正的实力，没关系，妈妈相信你"这样的信息。

即使失败了，父母也应该对发生了的事一带而过，拍拍孩子的肩告诉他没关系。父母若是能够这样做，对于失落的孩子来说是莫大的安慰。

通过告诉孩子"有时也会出现这样的情况"来传达"这不是你真正的实力，没关系，妈妈相信你"这样的信息。

7.让孩子用开阔的思维考虑事物

"没关系，总有一天将会微不足道！"

"时间是最好的疗伤药"，长大后的我们常使用这句话。

就算是当时多么痛苦，眼前见不到丝毫光明，但是几年后，有时甚至是一个月后，都会觉得那时虽然那么痛苦，但现在已时过境迁，微不足道了。

长大后，人们可以尝试将时间跳跃到过去或未来，改变视角，重新正视自己，但是对于才来到这个世界没多久的孩子来说，完全没有这样的感觉。

因此，父母要敢于用未来的视角令孩子放松心情。

孩子听大人说后马上表示同意，但也许还是不明白深意。尽管如此，每当发生了什么事情的时候，只要说这句话，相信孩子慢慢地就会理解。我想只要自己不断地默念"没关系，没关系"，勇气就会大增。为了不被眼前发生的负面的事情所束缚，希望父母要随时准备好令孩子心情放松的语言。

父母要敢于用未来的视角令孩子放松心情。

8.危机就是机会

"这是上天赐予的机会！"

　　这是一句富有积极思维的话。相似的语言有许多，但是我相信没有比这句话更充满能量，更能一下子就带来正能量的。那正是来自"机会"这个词汇所产生的音的效果吧。轻轻的一声，简直就像在飞跃似的，一下子令我们对前途充满了希望。

　　"机会"这个词语的背后充满了惊喜和希望。对于这个词语所呈现的印象和声音一起，无意识中在我们的脑海中深深扎根。

　　"危机就是机会"这种思维方式一定会出现在成功哲学中。达成伟业的人们就像确有其事似的，把这句话挂在口中，从而超越每一个艰难险阻。如果能够养成从细微的事情中考虑"危机就是机会"的习惯，人生就很可能会

成功。当孩子因某件事而低落时，不如爽朗地告诉孩子
"这是上天赐予的机会"。此时父母的心情也应该会开朗
起来。

如果能够养成从细微的事
情中考虑"危机就是机
会"的习惯，人生就很可
能会成功。

看着对方眼睛说话

正如谚语所说的"眼睛比嘴巴更会说话"，从眼中所发出的信息比语言更有威力。无论用语言说得多么好听，如果不看着对方的眼睛诉说，也无法打动人心。

非但不能打动人心，反而会令人怀疑"这个人真的是这么想的吗？"或"一定还隐藏了什么！"就算说话人只不过是因为难为情而不敢看着对方的眼睛，听者仍然会如此怀疑。

因此当需要对孩子传达重要的事情时，要认真地看着孩子的眼睛。

而且，不仅是说话时，听的时候也同样需要看着对方眼睛。一旦忙起来，总是不由得一边做事一边听，此时不用说视线，甚至连脸和身体都不会朝向孩子，对孩子说的话置若罔闻。

　　我想谁都明白这个态度的意义，因此当有人既不看着你的脸也不看着你的眼睛，对你所说的话置若罔闻，你一定会心情非常不爽，而且再也不想说下去了吧。如果看着孩子的眼睛听他说，一旦他说了谎话，你一定会马上明白。

　　眼睛如实地反映了人的内心。即使什么都没说，眼睛也能传达事情。不要光靠语言，也要有意识地运用眼睛的力量和孩子交谈。

即使什么都没说，眼睛也能传达事情。不要光是依靠语言，也要有意识地运用眼睛的力量和孩子交谈。

让孩子认可的批评方式

1.只对违反原则的事情进行批评

"那样的事绝对不能做。"

在育儿过程中，妈妈最多的烦恼恐怕是"气得发火"吧。

因此，我曾在研讨会上让妈妈们把"什么时候会生气"的答案写在纸上，当我问"写下来后会发现什么呢""都是因为一些不值一提的小事而生气"，大多数的妈妈都如此回答。确实都是在不该生气的时候生气了。

父母常常在孩子去幼儿园或学校前，为一些诸如不吃饭、还没准备好的事情急躁地对孩子发火，训斥道："快点儿。"

但是仔细想想，那都是一些没有在妈妈规定的时间内做完的事，诸如"这个时间内必须做完这件事"等。如果有一次突然不催孩子，只是看着他，你会发现出门的时候，多数孩子居然会做得有条有理。也就是说妈妈的发火毫无道理。

我最后悔的一次是孩子幼儿园时，因为让孩子抄写作业而发火。

其实这个时期并不是一定要让孩子做作业。认真地完成规定好的事情，的确是个很好的习惯，但因为是附加上了没必要做的事情，即使做了会得到表扬，也不应该因为没做而受到批评。

而且任性地发火是最不可取的。

对着不想做的孩子，就算是命令"为什么不做，快点做"，最终也只会助长厌恶的心情，反而更不想做。现在想来，当时之所以会发火，只是因为那时的我还不成熟，不明白该如何引导孩子，而且肤浅得还不会思考。

现在的我开始反省，当时应该好好地问问孩子心中所想，一起和孩子制定一个他能接受的计划。

现在我想我已经可以愉快、豁达地处理这种事情了。其实最终都是因为不能控制自己，孩子选择了放弃学习。

　　渐渐地，由于我减少了因焦躁而生气的次数，最后不管是孩子还是我自己都觉得很满意。有些学习并非一定要学，除此之外一定还有更重要的事。与其增加许多无谓的烦躁，不如从根本上断绝烦躁，也不失为一个良策。

　　值得批评的事不过是诸如：关系到生命安全的事、给别人增添麻烦、撒谎、违反社会规则等。

　　每当因为烦躁而控制不住对孩子发火的时候，想想自己什么时候会生气，然后一一写下来。于是就可以思考这是不是属于值得生气的范畴，还是纯粹是自己因为任性而生气。

　　明明不该生气，却总是不由自主地生气。一旦发现了这种情景，下次再碰到的时候，就可以按自己理想的方式来进行形象练习，然后还可以进行微笑练习。

　　只要反复多次练习，即使在现实的场景中，一定也能做到微笑。当做到的时候可以大大地表扬自己。所以请各位家长一定要尝试一下。

"批评"和"生气"截然不同

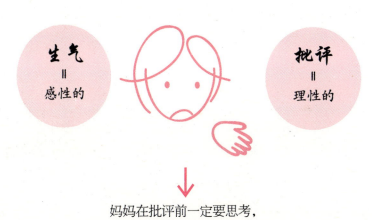

妈妈在批评前一定要思考，
孩子做的事是真的不对吗，
还是只不过因为自己心情不好？

妈妈也是人，同样需要安静思考的时间。

2.首先听孩子解释

"你做这件事的时候，是怎么想的？"

在学校和朋友吵架了、不管怎么说就是不做作业，或是做了其他令人烦恼的事，当孩子做了上述这些不好的行为，不应该不分青红皂白地批评"不行，停下来！"，而应该先问孩子这么做的理由。

大人觉得理所当然不应该做的事，也许孩子没有这个认识。

例如，红灯亮的时候绝对不能过马路、商店的商品不能不付钱就拿走等，如果最初不告诉孩子，孩子不可能知道。所以刚做了不知道对不对的事情就被批评，孩子会很吃惊。

这种时候有必要好好地对孩子解释，那样做为什么不对。

同时，乍一看觉得孩子做得不对的事情，也许孩子也有那么做的理由，所以能否倾听孩子的理由，关系到孩子对父母的信任及之后的亲子关系。孩子陈述理由的时候，也许孩子和父母都能客观地进行自我反省。

另外，倾听孩子陈述理由，还有一个重要的原因，那是因为在孩子行为的内在，有时会体现出孩子的心理状态。特别是幼小的孩子还不能很好地表达自己的思想。如果孩子不陈述，而是一味地盲从，那么即使长大后，也会为了父母而强逼自己忍受，这种情形一直持续下去，孩子甚至都会感受不到那是一种忍受，这种负面情绪不断累积，有时就会在无意中做出令父母困扰的事情。

如果我们的孩子会思考"为什么要这样做"，那么我们首先不能感情用事，要创造能够和孩子面对面促膝谈心的机会，然后再反省自己的对应及交谈的环境是否有问题，这两点非常重要。

孩子的心理隐藏在行动里面

孩子无法很好地表达自己的想法

发生了什么事？
为什么会这样？

面对面慢慢地倾听孩子诉说很重要

一旦得到了父母的理解，
孩子便会安心

即便孩子反抗也要冷静

即使是小学，一旦到了高年级，懂事的孩子也会开始对父母萌生反抗心理，这种反抗心理有时会体现在孩子的言语或态度中。

以前总是叫着"妈妈，妈妈"依赖自己的孩子，一旦萌生了反抗心理，想必此时你一定会混乱，想"怎么了"或是觉得很难受，从而对这种反抗的态度感到恼火。

但是这个时期，孩子对父母的反抗，其实就是孩子成长的体现，也是渐渐从父母的身边离开、渴望独立的心理活动的体现。

因此就算是孩子表现出反抗的态度，作为父母也不要对此做出反应，请豁达地理解孩子。

相对而言，男孩心理成长比较缓慢，因此我的儿子开始有这种态度是在上了中学以后，即便被孩子说"烦死了"，我也没有回嘴。只是说了一句"打扰了"，很容易就理解了孩子。

　　当我觉察到一旦说了什么让孩子变得不开心时，我就会保持沉默不去惊动他。有人说那照这样发展下去，孩子会不会走向歪路呢？我要说的是，这绝对不会发生。

　　即便对父母采取了反抗的态度，但是孩子想着父母的心和父母想着孩子的心一样，依然没变。请一定要相信这一点。

3.区分事实和感情

"你又做了这样的事啊！"

　　在前面也曾提到过，孩子小时候总是不由得做了某些事情，父母就将对此事的烦躁发泄到孩子身上。

　　在儿子小时候，我也常常因为一点小事而烦躁，一旦儿子做得不如我意，便会生气。记得那时我每次生完气后，一定会恨自己，一定会看着孩子睡着了的容颜，一边哭泣一边道歉："对不起。"

　　一旦察觉到了因烦躁而愤怒的自己，就应该客观地观察发生的事实是什么。

　　同时还应该观察自己目前所持有的情绪是什么。只有了解了自己的感情才能明白，事实与感情绝对不相等，并且也绝对不是成套的。

例如，当孩子把饮料洒出来的时候，你会生气地说："哎呀，不是说了不能洒吗！"在这里事实是"孩子把饮料洒出来了"，那么第一次的感情是"擦干净费时间，很烦"，或是"渗入地毯了，很烦"，又或是"浪费了，很烦"，第二次的感情便是生气。

如果孩子是故意洒出来则另当别论，但是觉得很烦的事全部都是自己这方面的问题，其实没必要对饮料洒出这件事表示生气。

事实上也有的妈妈对孩子洒出饮料这件事完全不生气。我想一定是这位妈妈理解了孩子洒出饮料这件事，也接受了孩子会给父母添麻烦的现实，所以不生气。

就是这样，感情不是和事实联系在一起的，只不过是承受的一方加入了自己的许多负面感情，从而做出了负面的反应。有了这种反应的人，最好探寻一下自己的内心深处有着怎样的价值观、评价基准或是执念。

按照理论来说，便是如上面所说的一样，但是也需要内心从容冷静才能做到，若是自己内心充满了杂念，就无法冷静地分析。

因此，当控制不住自己的感情而感到烦躁的时候，为了能够从容冷静，首先要考虑解除压力的方法。

若是因为每天都和孩子在一起而感到压力，那么也可以把孩子托管，自己去一日游。与其承受着压力和孩子待在一起，倒不如缩短在一起的时间，并愉快地度过相处的时光，更能对孩子起到积极的作用。

拜托爸爸、爷爷或奶奶，或是交给幼儿园也是办法之一。最重要的是自己能够灵活地考虑某些固执的思想，比如以前觉得"必须这样"的事，现在可以想"虽然最好那样，但还是算了吧"。

4.不能对人格进行否定，只能指责行为

"那是绝对不能触碰的事！"

"又洒出来了，真是的！笨孩子！"这样的批评方式把孩子说成了"笨孩子"，这是否定人格的说法。"竟然说谎，坏孩子""笨蛋"等，这些说法也都是否定人格的说法。

这些语言都对孩子造成了诸如"我是笨孩子""坏孩子""笨蛋"的自我印象，从而伤了孩子的心。人的行动都是为了证明自我，因此长期被人用那种语言指责的孩子，即使长大了也无法挑战新事物，也无法乐观地生活。

多数孩子都不是那么坚强，所以成长过程中，没有自信，不能认可自己。父母否定孩子人格的语言，会给孩子的心灵和人生带来超乎父母想象的巨大影响。

因此，批评的时候不能批评人格，只能具体地举出孩子所做过的行为，对此行为批评。"哎呀，洒出来了，洒出来了会很脏，又很浪费，所以下次不要洒出来"或"撒谎不好"，要像这样只把焦点放在行为上来告诉孩子。

父母否定孩子人格的语言，会给孩子的心灵和人生带来超乎父母想象的巨大影响。

5.用简明扼要的语言传达

"不能做那样的事（说完了）。"

不管是什么理由，被人批评了心情总会不好。所以尽可能缩短这种讨厌的时间，孩子会舒服点。那么讨厌的时间拖长了会怎么样呢？被批评的人也会感到很烦躁，并因此而生气，于是也就无法老老实实地将教导的事情听进去了。

不管是大人还是孩子都一样，批评的时候要简明扼要。

批评的时间越长，孩子就会越不老实。对于注意力集中时间短、问题解决能力不高的孩子，长时间的说教会失去效果，最后甚至会不知道批评了什么。而且总是这样批评，有可能会演变成对牛弹琴。孩子非但不会反省，反而会心不在焉，甚至想着别的事情。

　　看到这种情景父母会更生气，因此就形成了恶性循环。

　　批评的时候不要长时间地唠叨，利用简短的批评，父母的心情也能马上得到改善。

批评的时候不要长时间地唠叨，利用简短的批评，父母的心情也能马上得到改善。

父母要行得正

"打招呼！大声点，好好地说！"我常见到这样批评孩子的妈妈。

催促孩子学会寒暄没有问题，但是有时我会想，没必要那么说吧。

倒不如父母自己对见到的人微笑着说句"早上好"，此时孩子看到了也就会自然地学会寒暄，就应该是这样。而且如果能够体验到双方互相寒暄时的好心情，那么就会成为一种习惯而养成。如果一边对孩子说"要和朋友好好相处"，自己却说着朋友和老师的坏话或是谣言，这样难道不觉得很有问题吗？

无论是公共场合的礼仪还是社会规范，孩子都是看着父母的举止在学习。为了好好地教育孩子，父母与其激动地批评，不如自己平时就注意保持理想的态度及养成良好的礼仪。例如早睡早起、收拾房间、关掉电视吃饭、不挑食什么都吃、努力学习等，父母不做的事情，即便是让孩子做，也没有说服力。

　　如果孩子不听话、散漫、该做的事不做，那么首先要重新关注自己的现状，想想自己是否做到了。

6.当场批评

"你现在做了不对的事吧！"

批评大人或青春期的孩子时，有时候根据情况过后再批评比较好。那是因为在人前或在需要坚守自己立场的人面前去批评某个人，有时会伤害他的自尊心，而且一旦别人对他的看法改观，那么他以后的情况会很难。

但是批评小孩子的时候又另当别论。

那是因为时间长了，小孩子恐怕都忘记了自己曾做过的事情。都忘记了的事情，你去批评他，只会令孩子糊涂。

而且小孩子不太在意别人的眼光，不需要去担心会伤害他的自尊心。因此，当事情发生的时候，最好当时严厉地批评他，并告诉孩子这样的事情绝对不能做。

事实上在意别人眼光的只是父母，因为父母觉得不好意思，所以有时候才不当场批评。

我曾听说过这么一个故事，有个小孩子在幼儿园尿裤子了，自己的替换裤子又不够，所以就穿了幼儿园准备的替换裤子回家。后来，孩子父母就对幼儿园抱怨道："孩子会害羞的，请不要这样做。"此时害羞的不是孩子，而是父母。

对孩子来说，感觉到有点害羞，下次就会注意不尿裤子，同时也是孩子成长的机会，能使孩子明白集体生活的意义。

人前不批评，没有人的时候才批评。这样人前人后不一样的态度，有可能会失去孩子的信任。即使在人前也要明确错了就是错了的态度，此时父母的态度很重要。

对于不良行为，"当场马上批评"是铁的规则

对于不良行为，当场马上批评，
这时父母的态度很重要

7.不要翻旧账

"现在，这样的事绝对不能做！"

　　一生气，家长们总爱喋喋不休地翻以前的旧账或凭想象猜测，比如"以前也是这样"或是"哎呀，这个都做不好，为什么会这样啊"，等等。

　　简直就像发泄自己平时的压力似的，孩子正好撞上了。在前面也曾写到过，用老生常谈的话语唠叨的时间越长，孩子越会产生反抗情绪，然后注意力又不集中，说的话听不进去。

　　总而言之，父母花了精力批评，却无一丝效果。

　　于是父母的愤怒越来越升级，此时就有可能否定人格。

　　如果家长不断重复这种批评方式，那么当家长再说些什么的时候，只会令孩子厌烦，想着"又开始了"，甚至不会去反省自己做错了的事。

批评的时候一次只说一件事，也就是说把焦点集中在孩子现在做的事情上进行批评。

批评的时候一次只说一件事，也就是说把焦点集中在孩子现在做的事情上进行批评。

8.用第一人称的信息来传达

"你打击到了妈妈！"

当孩子损坏了重要的东西，或是说了谎，父母总是会生气地说："不行！"只要当事人没有恶意，请用"我"这样的信息来传达想法。

像"（妈妈）受打击了……""你竟然撒谎，妈妈很难受！"这样，根据孩子的行为，传达自己当时的感受。

如果那是负面的感受，孩子就会觉察到，是自己的错令自己心爱的妈妈很难受，比起批评更能令孩子醒悟到自己做错了，更容易令孩子产生抱歉的心理。

当我们感觉到"愤怒"的时候，其实内心深处也交织着"不安""恐怖""悲伤"等感受。

当别人撞上这种愤怒，也会想以愤怒来对抗。但是面对"不安""恐怖""悲伤"等感受时，"愤怒"难以发作。

第一人称的信息是更高一级别的交流技术。无论是表扬还是批评，都请有意识地使用第一人称的信息。

第一人称的信息是更高一级别的交流技术。无论是表扬还是批评，都请有意识地使用第一人称的信息。

9.好好地传达理由

"为什么不能做呢？是因为……"

　　这是在城市中司空见惯的情景。当孩子在超市游玩时，妈妈会说"店里的人会批评哟"，当孩子在电车中喧闹时，妈妈会说"瞧，叔叔在生气"，或是"警察来了"。

　　这是纯粹的威胁，因为都不知道这个批评方法哪里不对，所以一旦场所或情景改变了，孩子仍然会做同样的事。而且这种说法是在逃避自己的责任，把责任推卸给他人。按这种逻辑，是不是说在没人看到的地方就可以做这种事呢？

　　批评孩子的目的是让孩子再也不做同样的事，因此应该好好地传达为什么不对及不能做的理由。如果觉得思考理由很麻烦，或是无法解释，那么作为父母就没有批评的权利。将孩子能够理解的理由一一解释清楚，对于父母也是一种技能的提升。并且这个理由也不是父母随便编一个就行，一定得是任何人听了都能认同的理由。然后告诉孩子，为了在这个社会生存下去，必须遵守规则。

批评孩子的目的是让孩子再也不做同样的事，因此应该好好地传达为什么不对及不能做的理由。

10.用拜托的方式传达

"拜托你帮我做！"

危险的事情及根据社会规范不能触碰的事情，应该明确地指出"不行"。但是像收拾房间或者学习之类的事情，即使不去做也不会妨碍到谁，这种情况下去指责孩子的不做，似乎无法解释清楚理由。

不做作业也是同样的。为了孩子的成长，当然最好要做，然而这和令朋友受伤，或是拿走别人的东西之类的事情，有着本质的区别。对于这种情况，用拜托的方式传达也是方法之一。

有一位妈妈，她有三个儿子都进入了东京大学。她曾说："孩子很棒，作为父母肯定脸上有光，所以我就对我儿子说'为了妈妈，好好学习'。"

虽然我从未这么说过，但是我觉得这也是一个方法吧。

　　为了使父母高兴，孩子去学习、去收拾房间。虽然附带了动机，但如果因此而收获了美满的结果，孩子也很满意，我觉得这样也很好。

　　"拜托你，好好学习，否则妈妈会担心将来""希望你收拾一下，这样妈妈就轻松了"等，都是为了妈妈自己而希望孩子去行动的说法。请尝试一下加入这种带有个人特色的说法。

　　对于孩子来说，因为自己这么做了妈妈很高兴，也就成了为了获得"愉快"的行动，因此比起被用命令的口吻要求，孩子更会开心地去行动。

留心刺激孩子"愉快"感官的传达方式

如果你帮妈妈整理好了，妈妈就轻松了

拜托你了

如果不是你，妈妈就会很担心

妈妈因为你帮了忙，太高兴了

父母请注意，不要流露出自我主义！

11.让孩子思考如何做才是最佳

"你觉得怎么做才好呢？"

发现了孩子的不良行为，想必父母都会马上反应"必须指正"，事实上许多时候孩子本人已经在反省了。这时即便不指责，接下来孩子自己也会改正。觉得不批评不教育孩子，孩子自己不会纠正，只不过是父母的个人想法，只能说是不相信孩子的能力。

因此，为了让孩子切实地改正行为，不批评却能表示支持的语言就是"你觉得怎么做才好呢"。父母与其武断地批评"必须这么做"，倒不如让孩子自己思考正确的答案，这样更能令孩子改正行为，并且如果在下次的行动中，孩子能够正确地去做，那么孩子将会获得成就感。

本来能够通过自己思考获得答案是最好不过的，所以平时如果常常如此要求，慢慢地孩子就能够自己通过思考再行动，如此下去必须指责的情景也会不断减少。"父母不指责，孩子就不会成长"，抛开这种执念，请相信孩子的能力，向孩子寻求答案吧。也许就会出现令你惊讶的结果。

觉得不批评不教育孩子，孩子自己不会纠正，只不过是父母的个人想法，只能说是不相信孩子的能力。

压抑时对着天空呼喊

已经介绍了好几个自己觉得比较好的批评方式，但是作为介绍人的我，却并不是总能如此巧妙地批评孩子的。

我是个感情起伏很强烈的人，高兴的时候异常兴奋，生气的时候也常常控制不住，对儿子也曾多次大发雷霆。

"总是很烦躁，一下子就生气了。怎样才能克制呢"，我非常理解妈妈的这种心情。生气之后心情不好、低落消沉的是妈妈自己。

因此，当克制不住愤怒时，建议朝着天空大叫。如果朝着孩子发泄，说了严重的话，不但会伤害孩子的心灵，而且会令孩子降低自我认同感，因此对着天空大叫"啊——我生气了"，把自己的感情发泄出来吧。

于是妈妈也充分地发泄了自己的愤怒，孩子看到了也许会感到吃惊，然后决定下次不这么做了。

　　大叫过后的妈妈从压抑中得到释放，也不需要带有罪恶感，可以松口气冷静下来。请一定要尝试一下。

Epilogue

培养生存能力　养成自立习惯

1.要培养生存能力，父母放手是关键

生存能力究竟是一种什么能力呢？

也许会有人认为，那是将来能够获得维持生活收入的能力。

当然这也非常重要，然而不是通过收入或职业来决定生存能力，如何走完这段路程才是最重要的。

即便是拥有丰富的知识或信息，也不能说是具备了生存能力。更确切地说，学校的成绩优良，或是具备了学历等，都不能称为生存能力。

最重要的是，从那些知识或信息中能够筛选出"就是这个"的感觉，自己思考如何使用知识或信息，自己决定行动，并对行动的结果负有责任的姿态。

为了培养孩子的生存能力，我觉得比起父母的干预，父母的放手更为重要。

随着孩子一天天长大，父母应该把放在孩子身上的心思转到自己的生活上，把关注在孩子身上的目光投放到社会。

并且父母积极乐观地怀揣梦想享受人生的姿态，正是对孩子生存能力的最大帮助。

2.享受现在这个瞬间

我们总是对未来充满了不安，对过去总是耿耿于怀。

但是如果父母总是把这些担忧挂在嘴上，总往消极的方面思考，那么孩子也无法积极乐观地生活，在家里也会不开心。

是要忧心忡忡、愁眉苦脸地度过每一天，还是怀着感恩的心情兴奋地度过每一天呢？根据每个人自己选择的方式，每一天的价值也会截然不同。

我们的生命是由什么构成的呢？其实就是时间的累积。

现在这一瞬间一点一滴的累积，串成了一生。

总而言之，现在幸福的瞬间不断地累积，人生也会充满幸福。那是因为我们明白，比起过去，比起未来，重要的是现在这一瞬间。

并且"现在"这一瞬间，才是我们能够简单抓在手里的唯一时间。

我有一个朋友，每当和她在一起，总是能听到她说"太好吃了""真香""太开心了""天气真好，今天也要加油""太幸福了"等充满朝气的语言。

和她在一起，总是听着一些享受现在这一瞬间的语言。连我也觉得生活是那么美好。

自己开心，身边的人也开心。这是非常有价值的事。

当然，通过学习掌握知识或技术很重要，但是享受现在这一瞬间的力量更能令孩子的人生充满幸福。

早上起来心情愉悦，吃饭也香，全家充满欢乐。为了孩子也能体会到这种幸福，请告诉孩子。一起享受现在这个瞬间！

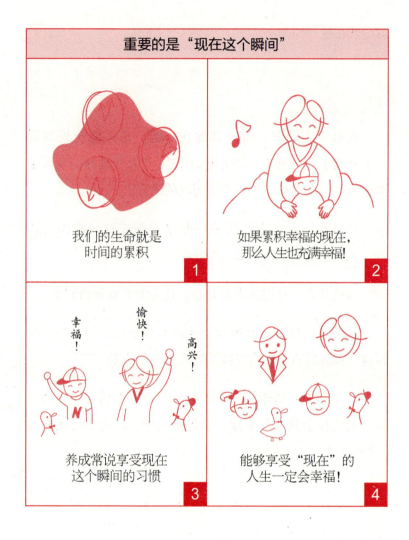

3.寻找美好

在我的小时候，电视上曾播放过一部叫做《爱少女波丽安娜物语》的动画片。主人公波丽安娜所做的事情就叫"寻找美好"。

家境不好的波丽安娜每天都要在一天结束后找寻"美好的事"。

因此无论发生了什么事，她总是能够开朗、积极、乐观地度过每一天。并且身边的人也慢慢地受到了她的影响。至今我依然记得正是因为她充满阳光的形象，令我勇气倍增。

一天之中会发生很多事，并不只有高兴的事，如果过于关注不高兴的事，那么这一天也会郁郁不乐。

如果我们把一天中许多的精力都投入在愉快的、开心的事情上，那么就度过了美好的一天，以一生为单位也是一样。

总而言之，我们的一生能否愉快地度过，实际上并不取决于美好的事情有多少，而是取决于对美好事物关注的程度。

我自己曾经过得挺滋润，但是自从孩子诞生后，大部分的时间都用于照顾孩子，自己的时间越来越少。

于是不顺心的事、操心的事越来越多，渐渐地失去了心灵的那份从容，内心充满了焦虑。

正是因为如此，更要在晚饭时或睡觉前，总之是一天结束前，和孩子一起回顾一天中愉快的事情。

回顾着一天美好的事，心情自然而然也会变得舒爽起来，脸上也会绽放出笑容。

"今天又是美好的一天！"

"明天会更好！"

如此想着进入梦乡，沉睡中梳理着一天的美好事物，牵引着我们进入下一段美好。

一天结束前让我们寻找美好吧

如果你觉得"今天又是美好的一天"，
那么明天会更好

4.父母学习

我的母亲，自我懂事以来，在我记忆中一直做着临时工、小时工，或在自己家的作坊工作。因此在这种环境下成长的我，即使是结了婚也觉得工作是理所当然的，并且只做傍晚5点能回到家的临时工或小时工。

我看到了妈妈努力工作的样子，却未曾看到过妈妈学技术或文化，因此自我当妈妈以来，也不曾学技术或文化。

更何况小时候也从不曾看到过妈妈为什么事而开心或去游玩的样子，因此我也没有这方面的爱好。

现在，当我环顾同时代的女性，发现大多数都是如此。如果妈妈是个自由的职业女性，那么女儿也会选择同样的职业，如果妈妈是个家庭主妇，那么女儿也会同样选择当一名家庭主妇。

偶尔也会有父母和孩子选择截然不同的人生道路，但是这种情况一般是遇到了某个大的契机，或是父母成了反面教材。总之孩子或多或少都是受了父母一定的影响而成长起来的。

如果希望孩子努力学习，那么首先请父母也学习吧。

常听到孩子和父母如此交谈，"妈妈真好，不学习也没关系"，"妈妈在工作呀，孩子学习就是工作"。这样的交谈当然也没问题，只是每天重复三四遍地说，就会令人感到筋疲力尽，如果父母做事都满腹牢骚、不情不愿，那么孩子对学习的印象也会厌倦甚至疲惫。

因此，如果工作很忙，就要让孩子看到你工作的价值及享受工作的姿态，对自己感兴趣的事情尽可能花多点时间去学习、读书，让孩子看到"妈妈也在学习"的样子，这样更能激发孩子学习的欲望。

我长大成人之后，真正像模像样地学习还是在儿子上了6年级之后。

虽然在孩子小时候，我并没能让孩子看到我学习的样子，但是现在看看周围的许多妈妈们，我明白了妈妈平时的习惯会自然而然地影响孩子。

　　想让孩子养成什么习惯，父母首先要去实行。

孩子是看着父母的一言一行而成长起来的。妈妈朝气蓬勃的学习姿态会给孩子带来活力。

5.传达朋友的重要性

我们不可能一个人独自生存。

出生后最先加入的集体就是家族，之后会加入幼儿园、小学，不管去哪儿都一定会与人交往。

比起和很多人一起游玩的孩子，也有喜欢一个人默默钻研某事，这样的孩子虽然没有很多朋友，但是也能交到几个志同道合的知心朋友。

每当高兴或悲伤时，一起欢喜一起流泪，失意时为你加油。这样的朋友是用金钱也无法买到的一生最珍贵的宝物。走过了漫长人生的父母比孩子都更明白这个道理吧！

尽管如此，孩子们之间依然会有纠纷或朋友分道扬镳之事发生。这时尽管对孩子说尽道理，但由于是感情的问题，依然很难修复。

如果父母越俎代庖地去劝和，对于孩子也不是什么好事，若是劝说的不顺利，反而有可能会使关系更僵化，所以此时只要对孩子的感情表示理解即可，最好顺其自然。

父母为了对孩子传达朋友的重要性，与其讲道理，不如常和孩子交流"你们能很好地相处，真好""你有了好朋友，我太高兴了，太难得了"等话语。

同时还要感谢朋友："谢谢你和我做朋友。"

6.做确认清单

进入社会，工作中更需要能够独立思考、执行力强的人才。总是需要人催促才行动的人，哪里都不需要。

因此，最初必须先列出自己应该做的事情，然后进行安排，制作任务清单，最后切实完成这些事情。为了把孩子培养成具备即战力的社会人才，应该从孩子很小的时候就让他写出自己该做的事情及该准备的事情，养成从小确认的习惯。

上幼儿园的时候，可以把每天要带的东西写在一张大大的纸上，旁边附上图画或照片，贴在墙上。

制作这个清单时，应该一边问孩子"上幼儿园，要带什么东西呢"，一边让孩子说出需要的东西，然后一一记下来。上了小学后可以做一份表格，填上日期，让孩子自己一一确认应该做的事项。通过一一确认全部都完成，会令孩子收获成就感。

即使有做错了的，父母也不要责备孩子。首先要把必要的事情记在笔记上，因此要考虑什么是必要的事情、因为这个操作非常重要，所以不应该父母来思考，而应该让孩子思考。父母只要在清单完成后确认即可。

姑且按照清单一一实行，如果孩子发现了在学校还有不足的地方，可以作为一次经验添加或修改清单，同时孩子也获得了成长机会。

带入学校物品、兴趣班物品、家中应做事项等，一定要分清类型制作确认清单。

7.让孩子定好计划

让孩子做确认清单的同时，一定还要让孩子做预定表。

记得我们小时候的暑假日志上，一定有一栏让我们填写暑假整体计划和每日计划。

每次填写都觉得很麻烦，但是每当按日程计划过完一天或按计划完成作业，心情都会变得很愉快。

制定的计划并不是一开始就能够一个人简单地完成，必须预测时间或自己做这件事所需的时间。首先把规定时间内该做的事情都记下来，然后决定所需的时间及每一个事项的期限。

最初需要父母的帮助，此时父母可以按一定顺序询问孩子，"从早上到晚上有什么要做的事吗？""一天在家一定要做的事是什么？""必须做的事情是什么？""那件事需要花几分钟？""你觉得几点能做？"等，慢慢地孩子自己就会做了。同时当孩子做好了计划表或按照计划完成了，此时一定要好好地表扬孩子。

培养自我管理的能力是自立的基础。

如果自己能制定计划表和确认清单，那么孩子的自我管理能力就基本形成了。

为了孩子能够制定并实行一天的计划、漫长假期的计划、考试前学习计划等，父母们要给予一定帮助。

8.让孩子拥有决定权

人生不断地重复着选择与抉择。

从物品到时间的支配方式等所有的选择，甚至接下来发生的事情都会因这个选择而改变，其结果也会截然不同。

所谓的选择就是选定了一个的同时，又放弃了另一个，所谓的抉择就是一旦决定了这个，除此以外都要舍弃，因此，选择和抉择是成对的。

这样说也许会觉得有点夸张，但是比如说在西餐厅喝咖啡还是喝红茶、坐在哪儿，等等，这些事情都需要选择并做决定的。这么想来，就不难理解人生是不断地在重复着选择与抉择。

请试着写出来看。

现在让孩子自己做决定的事情有哪些，父母做决定的事情又有哪些。

从每天穿的衣服、带的东西、吃的东西等极其琐碎的事情，到社团活动、兴趣班的选择、继续还是放弃的决定，甚至是人生道路，究竟有多少事情要让孩子做抉择呢？

如果父母做了太多决定，那么其中让孩子做决定的事情不就没有了吗？ 请问各位父母，有没有在无意间从孩子的手中剥夺了他们人生中重要的选择和抉择的机会呢？

随着孩子一天天地长大，重要的选择和决定越来越多，如果有一天突然要自己来决定，对于孩子来说是很残酷的事情。

穿什么衣服、是先洗脸还是先换衣服这些极其微不足道的事情，都让孩子自己做决定，从孩子很小的时候一点点训练孩子担负起责任，就算孩子当时觉得不好意思，或是换了的衣服湿了又要再换都没关系，总之都能对孩子起到帮助。

就这样通过不断地积累自己做决定的体验，可以增强对事情的预测能力。那是因为曾经选择过这个，所以可以预估接下来会发生什么事。

　　似乎有许多父母做不到让孩子做决定，永远都是自己做决定。首先请鼓起勇气，尝试让孩子自己做决定。

　　然后不要对孩子决定了的事进行干涉，就让孩子按自己的决定去做。

　　如此下去，孩子可以学到许多东西，同时也能取得更大的进步。

养成"自己做决定"的习惯

如果从小时候开始养成"自己做决定"的习惯

就能成长为在人生重要的转折点自己做出抉择的人

9.让孩子享受冒险

在我孩子的成长地——名古屋，很少看到小学生独自乘地下铁或电车去上学的情景。

但是搬到东京后，却看到了许多很小的孩子乘电车。惊讶的同时也很佩服这些孩子们这么小，却如此勇敢，如此了不起。

这时却也听到了有些过于慎重的妈妈问，是否该让一年级的孩子拿着钱去附近买东西，是否该让孩子一个人待在家，等等。

让孩子去体验未知的事情，对于父母来说也许会很担心。"发生了危险的时候，该怎么办呢？"此时的父母脑海中会充满了负面的想象。

但是如果永远担惊受怕，不让孩子去挑战，那么会延迟孩子自立能力的发展。当然风险管理也很重要，但是把预知的危险先告知孩子，然后鼓起勇气让孩子尝试，这一点对于父母来说也是非常必要的。

去一个新的地方，挑战以前从未做过的事，对于孩子来说是那么令人兴奋。

克服了不安，终于到达目的地，或达成某事，这些挑战都会令孩子一下子成长许多。

放弃负面的想象，一边想象着孩子一个人把事情做成功时兴奋的情景，一边对孩子说"没关系！一定会成功的"，然后积极地让孩子去体验。

10.时常抱有感恩心态（不抱怨、不说人坏话）

您知道有本叫作《世界如果只是一个100人的村庄》的书吗?

正如这本书的书名所说的那样，当我们把整个世界看成"100"这个数字时，实际人们的状况体现了一个怎样的数值呢，通过这种体现能够令我们反省自己现在所处的状况。

书中有一段说道："如果冰箱中有食物、有穿的衣服，头上有屋顶、有睡觉的地方，那么你就比世界上75%的人们更富裕、更受到老天的眷顾。如果银行有存款，钱包里有钱，家里的某处有零钱，那么你就是这个世界上8%的最富裕的人中的其中一位。"曾经我们日本人几乎都应该属于这8%，但是东部日本因为大地震情况发生了巨大改变。尽管如此，许多的人仍然属于这8%吧。就这样，当你把视野打开，拓展到世界规模甚至漫长的历史，就会明白，身处这个时代的日本，成天抱怨那个不够、这个不好、那个人很坏是多么愚蠢。

想必大家都看过《水知道答案》（日本作家江本胜所著的系列书籍），当听到"谢谢"和听到"混蛋"时，水的结晶形状是完全不同的，前者呈现美丽的形状，后者不规则且丑陋。因为我们的身体内70%是水，所以总是说或听一些引起负面的语言，会破坏体内的细胞，这种说法相信大家都赞同吧。

如果你希望你的孩子拥有幸福的人生，那么请不要说他人的坏话，也不要抱怨，请时时刻刻对现在所处的状况及身边的人和物保持一份感恩之心。如果你对所有的事物都能常怀感恩之心，那么你的孩子一定会幸福。

回避妈妈的抱怨

对于正处于育儿中的妈妈，想要抱怨的事情有许多吧。照顾孩子的辛苦，对学校及老师的不满，对闺蜜的牢骚，对小姑的埋怨，还有对丈夫的不满，等等。

从语言和大脑的关系来看，诉说负面话语的人就不用说了，甚至连听着的人都会满脑的负面情景，这样就容易导致心情不愉快。如果我们的孩子总是听这些负面的事情，会怎么样呢？

孩子的世界观、价值观很大程度上都受到了父母的影响。特别是小时候，父母会觉得孩子什么都还不懂，从而疏忽地做出了一些影响孩子的行为，以为孩子不会记住，但是孩子却记得很牢，有时会在某个场合突然就说出来。

父母说过的话给孩子带来的影响，远比父母想象中更大。所以请父母一定要记住这一点。

听说有些妈妈对着还不到1岁的婴儿（女孩子）抱怨爸爸："不能嫁给像爸爸那样的人。"本人完全没有觉得不对，但是对于听着这些抱怨长大的女儿来说，对自己的爸爸又会是怎么一个心情呢？

孩子会怎么想父母的关系呢？
希望父母们注意这一点。

但是牢骚满腹，若是得不到释放也是很痛苦的。有时就会想在孩子不在的时候，找个可以交心的朋友诉诉苦。但是最后面对着美味的糕点，谈话总是会在愉快的气氛中结束。

11.让孩子拥有成就感（定好目标鼓励孩子达成）

如果把人的干劲比作电池，那么这个电池就是超长待电、超强能量、对未来充满了憧憬，且具有成就感的电池。

能够把这些电池作为原动力而努力的人，即便居住在无人岛也能生活。把他人的赞赏当作电池的人，在无人岛无法生存。

孩子们非常享受这种成就感。当多次体验过这种成就感后，渐渐地就会热衷于自己制定目标并一一实行，甚至会更渴望去实践，同时也增强了自信心。

总而言之，充满了成就感的电池，每当达成一次目标就充一次电，使用过程中能量不会减少，反而会增强。

为了让孩子也能拥有这种成就感，首先从小事情开始让孩子拥有目标，体会成就感。例如，不挑食，写一个月日记，规定时间内完成作业，规定跳多少次绳，独自走到目的地，等等，在生活中可以制定许多小小的目标。

作为一种获得成就感的工具，前文所说的制作确认清单及预定表也能起到很大的作用。当目标达成时，可以大肆地表扬孩子。充分利用成就感这种电池，如果再被身边的人表扬了，能量就会成倍增强吧。而且如果能量增强了，下次的目标就会更大。

于是，孩子渐渐地就可以挑战更大的目标了。

12.让孩子憧憬美好未来

　　孩子进入幼儿园的时刻、进入小学的时刻、升学的时刻、开始学技艺的时刻、进入社会工作的时刻、结婚的时刻、到新的职场的时刻……我们的人生包含了许多大大小小的转折点。

　　你是否在每个转折点都充满了兴奋，抑或是惴惴不安，心中充满了负面的情绪。

　　印象中涌现的情绪如果是"愉快"，那么你所面对的也会是简单且愉快的事；然而如果涌现的情绪是"不快"，那么你所面对的就会是痛苦的事，并且需要花更多的精力。

　　眼前的现实即使状况完全一样，也会因为对未来的不同展望，行动时的心情会发生180度的改变。而且带着不快的行动，对身心都不好。

如果父母总是唠叨着对未来的担心或负面的猜测，那么孩子的脑海中也会充满负面的印象，养成消极思维的习惯。"进入学校可以学到许多的东西，会越来越聪明""可以交到许多新朋友""会发生什么事呢，太兴奋了"等，如果选择一些积极乐观的语言对孩子说，那么孩子自然也会积极乐观。

对于未来，和孩子交谈时，永远把焦点聚集在"有什么好事在等着我们呢"。

13.倾听孩子的梦想

在你的身边是否有人会问你，"你想做什么呢""你想怎样度过你唯一的人生呢""你认为最幸福的人生是怎样的人生"。

如果没有，你一定要寻找。

有没有这样的人，决定着你的人生会发生很大的变化。作为主妇时的我，很遗憾没有一个人会这样问我。

但是当我邂逅了一种教育方法，并开始了学习后，忽然发现身边尽是这样的人。"想要做什么呢？"当有人微笑着问你然后倾听你诉说，与你一起体会着那种兴奋，于是你的情绪也会越来越高涨，会觉得非常幸福，于是就激起了"真的要做做看"的干劲。

多亏了遇到这样的人，我的人生发生了很大的改变。

如今不仅是我身边的人会问我，我自己也养成了常问自己"想要做什么呢""想要如何做呢"的习惯。如今我做什么事都遵从自己的内心，做自己想做的事，不做不愿做的事，所以我的人生格外愉快。

小时候的我们有许多想要做的事情。老师和父母常常都会问我们"长大想要做什么""有没有想要做的事"。

随着我们一天天地长大，那些询问就变成了"把那个做完""必须这样做""面对现实"，等等，于是我们不再是"想要做"，而是"必须做"。无论是谁，比起"必须做"，"想要做"应该更令人愉快且幸福。持续做"必须做"的事情不但令人疲倦，且需要不断补充能量，然而做自己"想要做"的事情时，能量会是自发的，就像是太阳能一样，永不消失，永远持续。

如果希望我们的孩子充满朝气地度过属于自己的幸福人生，那么从孩子很小的时候起，就应该不断倾听孩子的梦想，并且要对孩子的梦想给予帮助。"必须做"的事情如果是自己制定的，那么为了实现它，孩子便会为之付出努力。

现在想做的事情、将来想做的事情、若是实现了会

有怎样令人兴奋的事情等，只要平时不断询问，孩子便会
养成思考梦想的习惯，自然而然就培养出了拥有梦想的
孩子。

"必须做"的事情如果
是自己制定的，那么为
了实现它，孩子便会为
之付出努力。

"想要做什么呢" 这句话是开发潜能的咒语

"想要做什么呢" 这种询问会引导
人们获得愉快的人生

追求自己 "想要做" 的事，
会令自己幸福！

不要对孩子所说的话进行否定

　　自己所说的话被人否定了，想必没有一个人会心情愉悦吧。或多或少会和那人产生一定隔阂，还会产生一种执念，认为那人和自己的意见永远不合。

　　如果是大人，会把它当作一种处世之道来面对，但是如果是孩子，特别是亲子关系的时候要多加注意。之所以这么说，是因为孩子的心灵比大人更纤细、更敏感，并且对于孩子来说，父母是世界上最亲、最理解自己的人。然而有些父母没有注意到这点，总是觉得自己就是最正确的，总是一副高高在上的姿态。

　　于是总是不加考虑便否决了孩子所说的话。日积月累，不知不觉中孩子对父母的信赖变淡，父母所说的话再也没有作用，甚至会成为耳旁风。

如果继续被自己最爱的父母所否定，则无法提高自我认同感。孩子每次被人否定，在内心深处都会进行自我否定，越小的孩子影响越大。

　　那么当孩子不讲道理或犯了明显错误需要指出时，该怎么办呢？

　　此时，请首先倾听孩子的理由。为什么会这么想呢？为什么会这么说呢？请一定要表现出倾听他人想法的姿态。

　　听完孩子的理由并表示理解之后，再传达父母的想法。

　　与不分青红皂白的否定相比，那样做更有可能令孩子改正自己的错误。

14.对孩子想做的事情给予支持

人是为了什么而来到这个世界的呢?

据说每个人都是带着使命来到这个世界的,这个使命并不是"必须做",而是由衷地"想做",是在这个世间唯有今世才想做的事。总而言之,我们为了做自己渴望做的事情,为了梦想,而来到这个世界。

梦想是上帝所赐,深藏在我们的潜意识中。能够成就自己梦想的时刻就是最幸福的时刻,最能发挥自己能力的时刻。

"选这个人做我妈妈",正如我在前面所谈到的一样,据说孩子还在妈妈肚子里的时候,就在天空中看着并做出的选择。在出生前就有了灵魂,就已经决定好了要在今世要做的事情。它与父母的期望或能力毫无关系,是专属于孩子特有的东西。

在孩子身上涌现出来的欲望，是出生前就具备了的灵魂的旨意，因此父母支持孩子的梦想，会令孩子从灵魂中闪烁光芒。

压抑着自己为了梦想蠢蠢欲动的心情，无可奈何地遵从父母，做着自己不想做的事情，最后长大了都不知道自己到底想要做什么。所以请让孩子率直地说出自己内心的话，说出自己的梦想，不要把孩子的梦想掐死在摇篮里，父母就请做孩子梦想的后援团吧。

15.父母享受人生 可以实现梦想

"我的梦想就是支持孩子去实现梦想。但是孩子至今依然没有梦想。该怎么办才好呢？"有人曾找过我商谈。

如果是你，会怎样回答呢？

我曾把这个问题放在我的博客里提问，于是收到了许多建议，例如"应该好好地问一下孩子想要做什么"，或是"应该带孩子见识并体验各种各样的事情"，等等。

这些都很重要，但我觉得还有更重要的事情。

那就是父母自己应该拥有梦想，并为梦想而竭尽全力。

如果父母面对社会拥有自己的梦想，那么为了梦想拼搏的姿态会成为一面镜子，时时刻刻照着孩子，孩子自然而然也会拥有自己的梦想。

孩子时时刻刻都在看着父母，超乎我们想象地观察着父母，从中获得各种感受。

总而言之，父母的言行给孩子带来的影响，比父母想象的更大。

父母每天怎样生活，怎样度过一生，孩子观察着父母的一言一行，一天天地长大，渐渐地就执着地认为原来长大就是这样。

如果父母工作一天，筋疲力尽，回到家牢骚满腹，那么孩子就会不想长大。如果父母每天朝气蓬勃、神采奕奕地享受自己的人生，那么孩子就会想快点长大。

如果父母希望自己的孩子能够拥有梦想，人生充满阳光，那么父母自己也应该拥有梦想，并让孩子看到你为之拼搏的身影。也就是说应该用你的身影来说话。它比起用嘴说更充满力量。

请问在你的身影上写着什么呢？

把孩子的感情汇集成语言

　　我们听孩子说话时，总是会不由自主地把注意力集中到那件事上。

　　例如，当孩子说"妈妈，我讨厌小红"的时候，此时关注的是我的孩子说讨厌朋友，会很难受很生气，于是就对孩子说"不能说讨厌"；当听到孩子说"今天小明在学校欺负了同学"，就会说"真的吗？小明做得不对"，等等。

　　这样和孩子交谈当然也没什么问题，只是与此相比有一种更能丰富孩子内心的交谈方式，这种方式能够接收到孩子说话时的感情，并能体谅到孩子的心情。

　　原本孩子还不能很好地捕捉到自己的感情，更无法很好地表现出来。

例如，说"讨厌小红"的孩子，在他的内心深处究竟包含了怎样的情感呢？一定包含了想要向人诉说的悲伤吧。如果能够体谅到孩子的心情，就会对孩子说"小红一定有你讨厌的地方吧"。

　　"小明在学校欺侮了同学"，听了孩子说这件事后，此时你一定会吃惊吧。也许还会觉得有点恐怖。因此可以一边表示理解，一边问孩子："哎呀，真的吗？吓我一跳，那么你是怎么看待这件事的呢？"

　　总之，孩子的头脑在不停地转动，一刻都不得闲。

　　没有什么比父母更能够理解孩子，更令孩子安心的。因此不要把注意力关注到事情上，更应该关注的是孩子的情感，应该体谅孩子的心情。唯有如此，才能培养出情商高的孩子，亲子关系才能够更融洽。

后记

2011年3月11日，日本东部发生了大地震。

这次的地震引发了海啸及核泄漏。在这些灾难面前，我们沉痛地感觉到自己的存在是多么渺小，多么无力。

甚至至今还有许多人仍然没有摆脱灾难，仍然处于水深火热中，仍然与眼前的现实进行着斗争。

我想一定还有许多人因为这次灾难而改变了自己的人生观吧。

背负着如此沉重的心情的日本，此刻的孩子比父母身处的时代更加严峻。

对于这样的孩子，我们父母能为他们做些什么呢？身为父母的我们应该做些什么呢？当我被人追问，曾经那个只知道教育孩子，只关心眼前事物的我，不由得关心起世界形势、政治、经济、切身的民生问题等。

此时我要感谢身边有许多通晓各种信息的人。

当然，身处这个时代，无论多少信息都可以获得，但是从大量的信息中提炼的基准很大一部分取决于"这个信息出自谁"，因此现实生活中有一种人，从这种人身上获得的信息价值更高。

在此我希望妈妈们能够拓宽视野，不断学习，虽然平时生活很忙，但是仍然希望妈妈们能够更加聪慧。不是只关注眼前孩子的成绩或家人，更希望妈妈们能够面向社会发挥自己的一份力量。

对于曾经的我，也想大声地说同样的话。

同时也希望今后的孩子们，不仅要考虑在日本的生活方式，更要考虑在世界这个舞台该如何生存。

为此不光要拥有人脉，磨炼从无数的信息中精确地找到答案的感觉，还必须具备展示的能力及判断力、决策力，等等。

但是恐怕谁都不知道正确的答案。

最重要的是自己是否理解了自己选择的人生。

寻求"踏实"和"安定"是人的本性，但是今后恐怕已无法寻求"踏实"和"安定"了吧。

如果是这样，那么把世界作为人生舞台，生活在"不踏实"和"不安定"之中，更需要灵敏与坚韧的品质。

生活在父母庇护下的孩子，他们的身上不具备这些品质。

从很小的时候就训练孩子一点点地自己选择，自己行动，并为行动的结果负责，让孩子明白人际关系的重要性，培养自信的孩子等，我觉得这些才是时代赋予我们父母的重大课题。

如果父母把这些课题转变成语言交流或习惯，从这本书中能够获得一些帮助，那么我将感到不甚荣幸。

教育孩子的过程中充满了不可预测性及困惑。

之所以称之为父母，正是因为担负着父母的责任感，而且也许担负的是人生中最大的责任。

但是我认为这个责任并不是父母对孩子的人生承担责任，而是父母应该让孩子看到自己对人生承担责任的姿态。

误解了责任的意义，辛辛苦苦对孩子的人生承担起责任，紧张兮兮地对孩子说"不能犯错"或"不能脱离轨道"，等等。我觉得父母完全没必要这样做。

倒不如说，更希望妈妈们把这本书中所写到的语言适用于自己，以乐观开朗的微笑，活出属于自己的人生。

如果觉得我说得有道理，想要尝试，那么我将会竭尽全力支持您。

在我的人生中，曾经给予过我帮助的人、来参加我的研讨会的听众和读者，以及身边所有支持过我的人，这是我对你们的回报。

最后，在本书出版之际，回顾这一路走过来所发生的点点滴滴，不禁对未来充满了憧憬，在此由衷地感谢一直陪伴我的所有朋友。谢谢你们！

谷亚由未